그림으로 보는 세계사 5

교과서 속 역사 이야기

교과서 속 역사 이야기
그림으로 보는 세계사 ⑤

개정판 1쇄 발행 2022년 3월 10일
개정판 2쇄 발행 2022년 8월 20일

글 최경란 | **그림** 윤유리 | **감수** 역사사랑

발행인 오형석
편집장 이미현 | **편집** 정은혜 | **디자인** 이희승
발행처 (주)계림북스
신고번호 제2012-000204호 | **등록일자** 2000년 5월 22일
주소 서울시 마포구 창전로 74 여촌빌딩 3층
대표전화 (02)7079-900 | **팩스** (02)7079-956
도서문의 (02)7079-913
홈페이지 www.kyelimbook.com

ⓒ계림북스, 2022
이 책에 실린 글과 그림, 사진의 무단 전재나 복제를 금합니다.

ISBN 978-89-533-3444-1 74900 | 978-89-533-3439-7(세트)

교과서 속 역사 이야기
그림으로 보는 세계사

5

글 **최경란** | 그림 **윤유리** | 감수 **역사사랑**

계림북스
kyelimbooks

감수의 말

그림을 보며
세계사를 술술 읽는다!

우리는 인류의 등장 이후로 세계 여러 나라가 활발하게 교류하는 시대에 살고 있습니다. 지구 반대편에서 방금 찍은 동영상을 인터넷으로 볼 수 있고, 다른 나라를 여행하거나 유학을 갈 수도 있죠. 그래서 세계 역사와 문화를 이해하는 것이 더욱 중요해졌습니다.

세계 역사는 그 양이 아주 방대합니다. 또 낯설고 어려운 역사 용어가 많이 나오지요. 그래서 쉽고 재미있게 공부하는 것이 매우 중요합니다.

〈그림으로 보는 세계사〉 시리즈는 세계사를 처음 배우는 초등학생 눈높이에 맞게 쓴 역사책입니다. 이 책은 초등 독자가 혼자서도 읽을 수 있게 쓰였습니다. 간결한 제목과 그림으로 풀어 쓴 역사 이야기가 술술 읽힙니다. 따라서 책을 반복해서 여러 번 보기만 해도 고대부터 현대까지 세계사의 전체적인 흐름을 이해할 수 있을 거예요. 더불어 초등학생에게 꼭 필요한 기초 지식뿐만

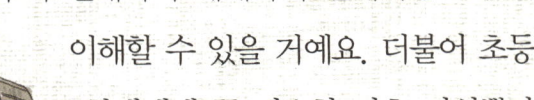

아니라 중학교 세계사 공부의 기초를 탄탄히 다질 수 있습니다.

　책은 우리가 직접 체험해 보지 못한 것을 간접적으로 경험해 볼 수 있게 해 줍니다. 따라서 이 책에 담긴 지식을 학생들이 자신의 것으로 만든다면, 이미 세계를 한 번 체험해 본 것이나 다를 것이 없습니다. 앞으로 세계 여러 나라들이 더욱 긴밀하게 연결된 지구에서 살아갈 우리 학생들이 〈그림으로 보는 세계사〉를 읽고 보다 나은 미래를 고민해 볼 수 있기를 바랍니다.

역사사랑(전국역사교사모임 내 연구모임)

차례

제1차 세계 대전

- 세계 곳곳이 달라지고 있었어요 ················ 12
  - 산업 혁명이 널리 퍼졌어요
  - 멕시코 혁명이 일어났어요
  - 유럽 나라들이 아프리카를 식민지로 삼았어요
  - 유럽이 둘로 갈라졌어요
- 제1차 세계 대전이 일어났어요 ················ 18
  - 사라예보에 검은 손이 나타났어요
  - 유럽이 전쟁터로 변해 갔어요
  - 흙구덩이에서 지내며 싸웠어요
  - 트렌치코트를 입고 메리 크리스마스!
  - 아프리카 병사들이 앞에서 싸웠어요
  - 새로운 무기들이 나왔어요
  - 스파이가 활동했어요

세계사 속 한국사 ································ 30
모진 고문에도 굴하지 않은 독립운동
  - 스페인 독감이 크게 유행했어요

- 제1차 세계 대전이 끝났어요 ················ 34
  - 연합군이 이겼어요
  - 전쟁을 했던 나라들이 모였어요
  - 그림과 소설로 보는 끔찍한 전쟁

- 세계 최초로 사회주의 국가를 세웠어요 ········ 40
  - 겨울 궁전이 붉게 물들었어요
  - 혁명이 일어났어요
  - 사회주의 국가가 세워졌어요

세계사 속 한국사 ································ 45
김알렉산드라의 꿈

세계사 놀이터 가로 세로 낱말 퍼즐 ········ 46

제1차 세계 대전 이후 세계의 변화

- 유럽과 미국이 발전했어요 ················ 50
  - 여성에게도 선거권을 달라!
  - 동유럽에 독립의 깃발이 펄럭였어요
  - 미국은 가장 큰 부자 나라가 되었어요
- 여러 지역에서 민족 운동이 일어났어요 ········ 54
  - 오스만 제국이 터키가 되었어요
  - 독립을 하고 왕국이 된 서아시아
  - 간디가 비폭력·불복종 운동을 했어요

제2차 세계 대전

- 동남아시아에 민족 운동의 바람이 불었어요
- 아프리카가 통일을 외쳤어요
- 에티오피아의 독립이 흔들렸어요
- 이집트의 독립은 말뿐이었어요

세계사 속 한국사 ················· 66
대한 독립 만세!

• **중국에서 민족 운동이 일어났어요** ········· 68
- 신해혁명이 일어났어요
- 신문화 운동을 벌였어요
- 5·4 운동이 일어났어요
- 국민당과 공산당이 손을 잡았어요
- 공산당은 멀고 먼 길을 갔어요

세계사 놀이터 숨은 그림 찾기 ········· 78

• **대공황이 일어났어요** ················· 82
- 닭고기를 마음껏 먹게 해 주겠다!
- 경제를 살리기 위해 나섰어요

• **국가가 최고라고 했어요** ··············· 86
- 개인의 자유를 억압한 파시스트당
- 히틀러 만세!
- 일본 국왕의 군대가 돼라!
- 히틀러와 무솔리니가 전쟁을 부추겼어요
- 중국의 국민당과 공산당이 다시 손을 잡았어요

세계사 속 한국사 ················· 96
올림픽 금메달이 슬펐어요

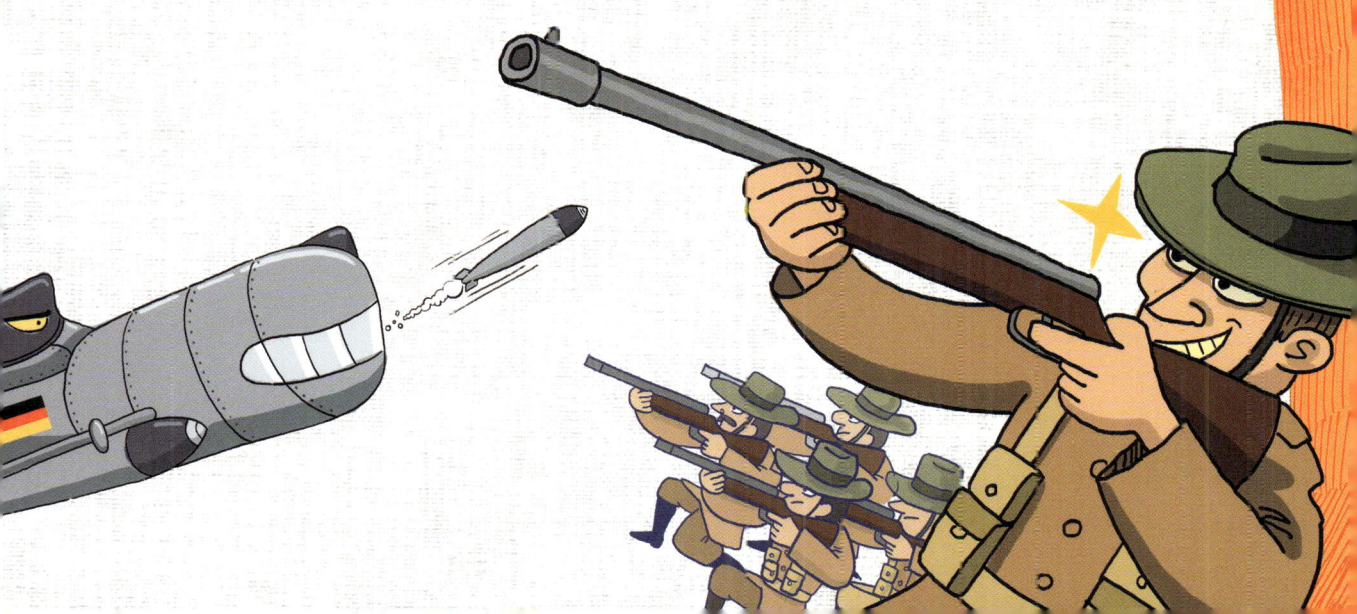

- 제2차 세계 대전이 일어났어요 ········· 98
  - 세계가 피로 얼룩졌어요
  - 안네가 숨어서 일기를 썼어요
  - 전쟁이 태평양으로 확대되었어요
  - 코카콜라를 마시며 싸웠어요

세계사 속 한국사 ················· 104
성과 이름을 일본식으로 바꾸게 했어요
  - 제2차 세계 대전이 끝났어요
  - 전쟁에 대한 재판이 열렸어요

세계사 놀이터 미로 찾기 ············ 110

제2차 세계 대전 이후 세계의 변화

- 세계가 동서로 나뉘었어요 ············ 114
  - 국제 연합이 태어났어요
  - 세계가 두 편으로 갈라섰어요
  - '평화 10원칙'을 발표했어요

세계사 속 한국사 ················· 120
나라를 되찾은 기쁨이 분단의 아픔이 되었어요

- 아시아와 인도에 변화의 바람이 불었어요 ······ 122
  - 중화 인민 공화국을 세웠어요
  - 일본 경제가 살아났어요
  - 베트남이 끝까지 싸워서 독립했어요
  - 동남아시아 나라들이 독립의 깃발을 올렸어요
  - 인도가 두 나라로 독립했어요
  - 서아시아는 전쟁이 끊이지 않고 있어요

- 아프리카가 기지개를 켜고 있어요 ········ 134
  - 이집트가 '삼총사 작전'을 이겼어요
  - 아프리카의 독립이 이어졌어요
  - 인종 차별은 사라져야 해요

세계사 속 한국사 ················· 140
'한강의 기적'으로 나라를 일으켰어요

- 오스트레일리아, 백인의 나라에서 다문화 나라로 ·· 142
- 라틴 아메리카가 일어서고 있어요 ········ 144
  - 멕시코 역사가 그림으로 살아났어요
  - 쿠바에서 혁명이 일어났어요

- 남아메리카의 중심, 브라질
- 칠레의 경제가 발전했어요
- 군인들이 아르헨티나 권력을 차지했어요

세계사 속 한국사 ················ 152
라틴 아메리카로 일하러 갔어요

• **냉전이 막을 내렸어요** ················ 154
- 미국과 소련에 화해의 바람이 불었어요
- 흐루쇼프가 슈퍼 옥수수를 만들려고 했어요
- 중국과 미국이 사이가 좋아졌어요
- 중국을 잘사는 나라로 만들었어요

• **페레스트로이카(개혁)! 글라스노스트(개방)!** ····· 162
- 소련이 사라졌어요
- 폴란드는 자유화 운동을 멈추지 않았어요
- 헝가리가 자유의 횃불을 들었어요
- 베를린 장벽이 무너졌어요

세계사 속 한국사 ················ 170
탁구로 남과 북이 하나가 되었어요

- 세계가 하나로 이어져요
- 전쟁을 일으킨 죄를 반성하지 않아요
- 앞다투어 우주 개발을 해요
- 클릭, 터치! 온 세계가 컴퓨터로 연결돼요

세계사 속 한국사 ················ 178
온 세계가 한류를 즐겨요

- 더 좋은 세상을 만들어 가요

세계사 놀이터 틀린 그림 찾기 ·············· 182

세계사 놀이터 정답 ················ 184

〈부록〉 세계사 연표

19세기에 산업 혁명과 과학 기술을 발전시킨 유럽 나라들은
물건을 팔 시장과 값싼 원료를 찾아 다른 나라로 눈을 돌렸어요.
군대와 무기를 앞세워 약한 나라를 식민지로 삼았지요. 이를 '제국주의'라고 해요.
제국주의 나라들은 식민지를 놓고 뜻이 맞는 나라끼리 뭉쳤어요.
그러다 1914년, 제1차 세계 대전이 일어났어요.
세계 여러 나라가 전쟁에 참여했고, 많은 사람이 죽고 다쳤어요.
왜 이런 끔찍한 전쟁이 일어났을까요? 지금부터 함께 살펴보아요.

제1차 세계 대전

세계 곳곳이 달라지고 있었어요

산업 혁명이 널리 퍼졌어요

영국에서 시작된 산업 혁명은 널리 퍼져 나갔어요. 벨기에, 프랑스, 미국에 이어 독일, 러시아, 일본에서도 산업 혁명이 일어났어요. 특히 독일이 전기, 철강, 자동차 공장을 세우고, 철도와 도로를 만들어 산업을 발전시켰어요. 미국도 산업이 빠르게 발달했어요. 노예가 해방되어 공장에서 일할 사람이 늘고, 넓은 영토를 잇는 철도가 만들어졌기 때문이에요.

산업 혁명으로 새로운 모습들이 나타났어요. 공업이 발달한 곳에는 일자리를 찾는 사람들이 몰려들어 도시가 생겨났어요. 돈을 투자해 공장을 만들고 노동자에게 일을 시켜서 이익을 얻는 자본가도 생겨났어요. 그들은 원료를 싸게 구하고, 기계로 만든 많은 물건을 팔 시장이 필요했어요. 그래서 아메리카, 아시아, 아프리카의 많은 나라를 식민지로 만들었지요. 20세기 무렵, 철도와 도로, 비행기, 전신, 전화 등 교통과 통신이 발달해 먼 나라도 식민지로 삼을 수 있었어요.

멕시코 혁명이 일어났어요

유럽 나라들이 식민지를 늘려 가던 무렵이에요. 1821년, 멕시코가 에스파냐로부터 300여 년 만에 독립을 했어요. 그 뒤 공화국이 세워졌지만 정치가 혼란스러웠어요. 게다가 미국과의 전쟁에서 져서 영토를 잃고 오랫동안 독재 정치가 이어졌어요. 그 과정에서 농민들의 피와 땀을 빼앗아간 대농장주들만 부자가 되었어요.

참다못한 멕시코 국민들이 들고일어났어요. 그들은 "라 쿠카라차~ 라 쿠카라차. 이제 더는 걸을 수가 없네. 먹을 게 없으니~" 하고 노래했어요. 라 쿠카라차는 바퀴벌레라는 뜻이에요. 국민들이 자신들의 힘든 생활을 바퀴벌레에 빗댄 거예요. 멕시코는 혁명 뒤에 대농장을 없애고, 국민들을 위한 새로운 헌법을 만들었어요.

★**공화국** 국민이 뽑은 대통령이 일정 기간 동안 다스리는 나라예요.

유럽 나라들이 아프리카를 식민지로 삼았어요

유럽 제국주의 국가들은 아메리카와 아시아에 이어 아프리카에 있는 나라들을 식민지로 삼았어요. 그들은 발전하지 못한 나라를 돕는다는 핑계로 약한 나라를 마구 침략했어요. 그래서 아프리카 지도에는 국경선★이 직선인 나라가 많아요. 유럽 제국주의 국가들이 땅따먹기 하듯 아프리카 대륙을 식민지로 차지하면서 국경선을 정한 거예요. 그 때문에 같은 종족이 다른 나라로 갈라지거나 여러 종족이 같은 나라에 살게 되었어요.

★**국경선** 나라와 나라의 땅을 구분하는 경계선이에요.

유럽이 둘로 갈라졌어요

유럽의 제국주의 국가들은 점차 두 편으로 갈라졌어요. 한쪽은 독일, 다른 한쪽은 영국을 중심으로 뭉쳤어요. 독일은 통일을 이룬 뒤에 식민지 경쟁에 나섰어요. 하지만 영국과 프랑스에서 이미 차지한 곳이 많아서 쉽지 않았지요. 그래서 독일은 오스트리아-헝가리와 이탈리아를 끌어들였어요. 이를 '3국 동맹'이라고 해요.

제1차 세계 대전

한편 영국은 독일이 적극적으로 힘을 키우는 것을 보고만 있을 수 없었어요. 그래서 프랑스, 러시아와 손을 잡았어요. 이를 '3국 협상'이라고 해요. 3국 동맹과 3국 협상은 아프리카와 발칸 반도에서 서로 맞서기도 했지요.

★**오스트리아-헝가리** 오스트리아와 헝가리가 함께 만든 나라예요. 제1차 세계 대전이 끝나고 오스트리아, 헝가리, 체코슬로바키아로 나뉘어 독립하면서 없어졌어요.

제1차 세계 대전이 일어났어요

사라예보에 검은 손이 나타났어요

발칸 반도는 유럽, 아시아, 아프리카 세 대륙이 만나는 지역이에요. 그래서 여러 민족이 살며 종교 다툼도 끊이지 않았죠. 발칸 반도의 여러 나라는 오스만 제국의 지배를 받아 오다가 독립을 했어요. 그중 세르비아는 1881년에 독립을 했어요.

세르비아는 보스니아와 합쳐 강한 나라를 만들고 싶었어요. 그런데 오스트리아-헝가리가 먼저 보스니아를 차지한 거예요. 이에 화가 난 세르비아 비밀 단체인 '검은 손'이 오스트리아-헝가리 황태자 부부를 향해 총을 쏘았어요.

제1차 세계 대전

1914년 6월, 탕! 탕! 탕!
보스니아의 수도 사라예보에서 총소리가 울렸어요.
오스트리아-헝가리 황태자 부부가 차를 타고 지나다가 세르비아 청년이 쏜 총에 맞아 죽었어요. 그는 오스트리아-헝가리에 빼앗긴 보스니아를 되찾겠다며 총을 쏜 거예요.

유럽이 전쟁터로 변해 갔어요

오스트리아-헝가리는 사라예보 사건이 터지자 세르비아에 전쟁을 선포했어요. 독일은 오스트리아-헝가리 편을, 러시아는 세르비아 편을 들었지요. 이어서 유럽 여러 나라도 독일이나 러시아 편을 들면서 갈라섰어요. 그러면서 제1차 세계 대전이 일어났지요.

제1차 세계 대전

여러 나라가 승리를 외치며 전쟁에 뛰어들었어요. 전쟁에서 이기면 더 강해질 거라고 생각했거든요. 처음에는 잘 훈련된 군대를 둔 독일 쪽이 유리했어요. 그러자 영국과 프랑스가 미국과 일본에 전쟁에 참여해 달라고 말했어요. 미국은 전쟁에 쓸 무기와 물자를 수출하면서 돈을 많이 벌었기 때문에 거절했어요. 한편 일본은 중국에 쳐들어갈 기회라고 생각하고 전쟁에 참여했어요.

흙구덩이에서 지내며 싸웠어요

독일과 영국·프랑스 간의 전쟁이 벌어졌어요. 기관총이나 포탄처럼 파괴력이 센 무기가 쓰이자 수많은 병사가 한꺼번에 다치거나 목숨을 잃었어요. 병사들은 양쪽에서 공격이 거세지자 긴 도랑 같은 구덩이(참호)를 팠어요. 그 안에 숨어서 적의 공격을 피하며 싸웠지요. 전쟁은 길고도 지루하게 이어졌어요.

제1차 세계 대전

병사들은 아침부터 해가 질 때까지 싸웠어요. 밤이 되면 공격을 멈추고 망가진 흙구덩이를 고쳤어요. 흙구덩이에서 사는 것은 무척 힘들었어요. 비가 오고 눈이 쌓였다 녹으면 그 속은 진흙탕이 되었어요. 쥐, 벼룩, 이도 들끓어 병사들은 무척 괴로웠답니다.

트렌치코트를 입고 메리 크리스마스!

겨울에 흙구덩이에서 싸우려면 몸을 따뜻하게 해 줄 옷이 필요했어요. 그래서 만든 옷이 트렌치코트예요. 트렌치코트는 공기가 통하고 물이 잘 스며들지 않아요. 그래서 전쟁이 끝난 뒤에도 많은 사람이 즐겨 입는 옷이 되었어요.

제1차 세계 대전

병사들은 서로 적이지만 흙구덩이에서 지내는 처지는 같았어요. 전쟁이 길어지자 계급이 낮은 병사들이 적군과 어울리기도 했어요. 크리스마스에는 "메리 크리스마스!"를 외치며 서로 이야기하거나 노래를 부르며 박수를 치기도 했어요. 하지만 그 뒤에는 끔찍한 전쟁이 이어졌지요.

아프리카 병사들이 앞에서 싸웠어요

프랑스는 전쟁이 길어지면서 군인들이 더 필요했어요. 그래서 독일과 싸울 때 아프리카 흑인들을 전쟁터로 끌고 가서 맨 앞에 세웠어요. 프랑스 장군 샤를 망쟁은 아프리카 흑인은 머리가 나빠서 이용하기 좋다고 했어요. 또 아프리카 병사는 나쁜 꾀가 많고 악독하여 짐승 같다는 소문을 널리 퍼뜨렸어요. 독일군을 겁주려는 속셈이었지요. 이로 인해 수많은 아프리카 병사들이 목숨을 잃었어요.

새로운 무기들이 나왔어요

전쟁이 길어지자 군인들은 흙구덩이에 숨어서 싸우는 데 지쳐 갔어요. 그 무렵 나라마다 새로운 무기를 개발했어요. 영국에서는 처음으로 탱크를 만들었어요. 탱크는 소총과 기관총을 퍼부어도 끄떡없었어요. 독일에서는 독가스를 뿌려서 수많은 목숨을 한꺼번에 죽음으로 몰아넣었어요. 이에 연합군도 서둘러 방독면을 만들고 독가스를 개발했지요. 전쟁터는 점점 새로운 무기를 선보이는 곳이 되어 갔어요.

제1차 세계 대전

스파이가 활동했어요

전쟁에서 이기려면 적군에 대한 정보를 빨리 알아내는 게 중요해요. 그래서 나라마다 스파이가 있었어요. 로렌스는 제1차 세계 대전 때 영국 스파이로 일한 사람이에요. 그는 영국과 서아시아를 오가며 활동하면서 아랍이 독립할 수 있도록 돕기도 했어요. 아랍 사람들은 자신들의 독립을 위해 힘쓴 로렌스를 '아랍의 로렌스'라고 불렀어요. 하지만 아랍이 독립한 것은 수많은 아랍의 독립운동가가 노력한 덕분이에요.

모진 고문에도 굴하지 않은 독립운동

1876년 우리나라는 일본과 강화도 조약을 맺었어요. 그 뒤 일본 제국주의(일제) 침략에 맞서 민족 운동을 펼쳤지요. 하지만 우리나라는 일제에 강제로 국권을 빼앗기고 식민지가 되었어요.
일제는 우리나라 곳곳에 헌병 경찰을 두어 우리 민족을 지배했어요. 우리나라 사람에게만 적용하는 조선 태형령도 만들었어요. 헌병 경찰은 재판도 하지 않고 마음대로 태형을 가했지요. 일제에 저항하는 우리 민족을 억누르고 겁주려는 것이었어요. 그런 모진 고문에도 굴하지 않은 독립운동가들이 있었기에 나라를 되찾을 수 있었다는 사실을 꼭 기억해야겠어요.

★**태형** 매로 엉덩이를 때리는 벌이에요.

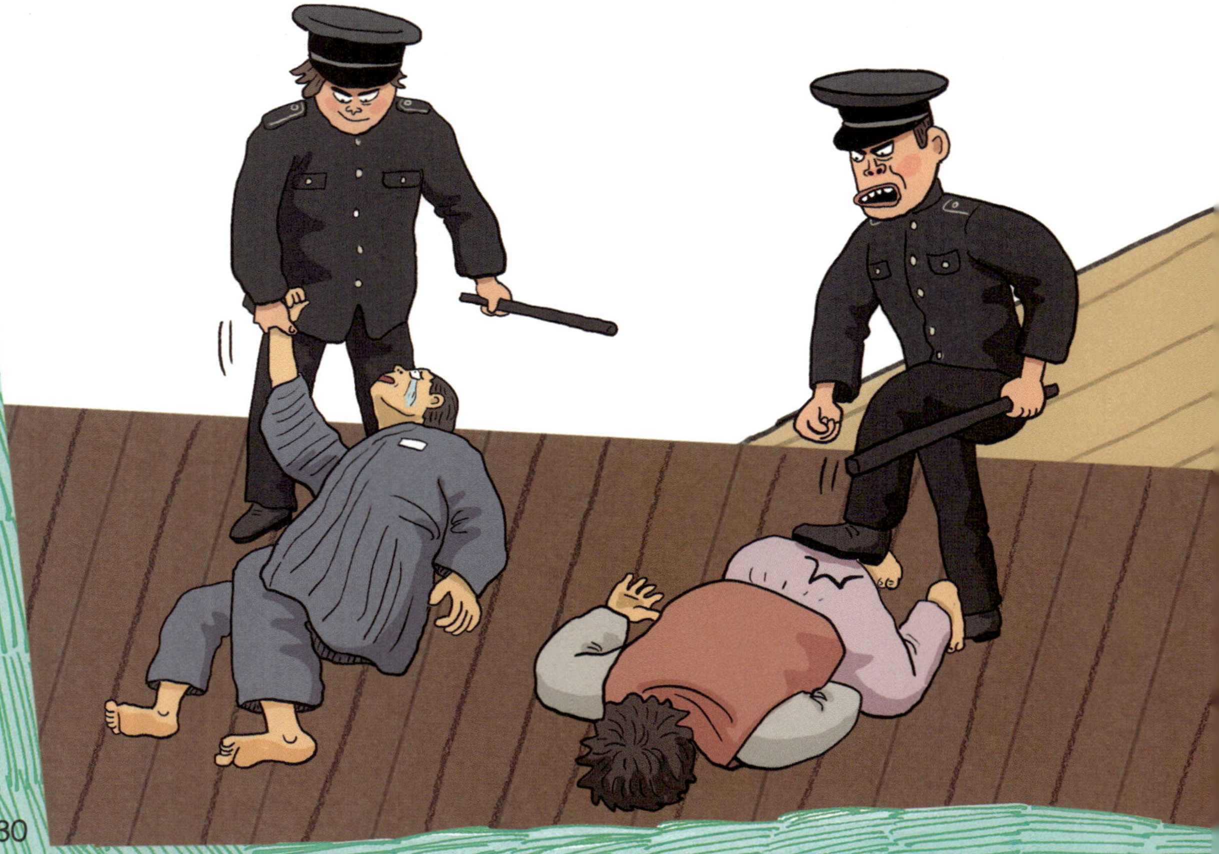

스페인 독감이 크게 유행했어요

제1차 세계 대전이 끝날 무렵, 독감이 전 세계를 휩쓸었어요. 엎친 데 덮친 격으로 상황이 어려워졌죠. 전쟁에 참여한 나라들은 독감이 퍼진다는 사실을 숨겼어요. 적에게 약점을 들키면 안 되니까요. 중립국인 스페인만 독감 소식을 널리 알렸어요. 그래서 '스페인 독감'으로 부르게 되었어요.

★**중립국** 어느 편도 들지 않고 중간 입장을 지키는 나라예요.
★**스페인** 에스파냐의 영어식 이름이에요.

제1차 세계 대전

독감은 미국 시카고에서 처음 발생했어요. 세계는 전쟁 중이어서 독감에 크게 신경을 쓰지 않았어요. 그러는 사이 독감이 미국에서 유럽으로 옮겨 갔어요. 아프리카, 아시아, 오세아니아까지 빠르게 퍼져 나갔지요. 전쟁터의 군인과 수많은 사람이 독감으로 죽었어요. 독감은 사람들에게 큰 두려움을 안겨 주었지요.

제1차 세계 대전이 끝났어요

연합군이 이겼어요

유럽은 제1차 세계 대전을 치르는 동안 많은 어려움을 겪었어요. 많은 남자들이 전쟁터로 끌려갔어요. 여성과 아이들은 전쟁터에 보낼 무기와 물건을 만들었고요. 폭탄은 전쟁터를 가리지 않고 수시로 터졌어요. 모든 사람이 전쟁에 시달렸지요. 게다가 식량이 모자라 많은 사람이 굶주렸어요. 전쟁에 대한 불만과 고통이 점점 커져 갔어요.

제1차 세계 대전

바다에서 싸우는 것은 영국이 강했어요. 영국은 독일의 해안을 막는 작전을 펼쳤어요. 그러자 독일이 무제한 잠수함 작전을 썼어요. 어떤 배든 보이는 대로 무조건 공격한 거예요. 그때 영국 여객선도 공격을 당했고, 그 배에 타고 있던 미국인이 많이 죽었어요. 이 사건으로 화가 난 미국이 전쟁에 뛰어들었어요. 미국이 참여하자 더욱 강해진 연합국이 곳곳에서 승리를 거두었어요. 오스만 제국과 오스트리아에 이어 독일도 항복했어요. 1918년 11월, 마침내 제1차 세계 대전이 끝났어요.

★**연합국** 3국 협상을 중심으로 뭉친 나라들을 말해요.

전쟁을 했던 나라들이 모였어요

전쟁이 끝나고 프랑스 베르사유 궁전에서 파리 강화 회의가 열렸어요. 전쟁에서 이긴 나라들을 중심으로 제1차 세계 대전을 마무리하는 자리였죠. 미국, 영국, 프랑스, 이탈리아 등 전쟁에서 이긴 나라들이 전쟁에 대한 책임을 독일에게 돌렸어요. 그리고 "독일은 식민지를 내놓고 연합국에게 끼친 손해를 갚는다.", "독일은 군대와 무기를 줄여야 한다."라는 내용을 담은 베르사유 조약을 맺었어요.

제1차 세계 대전

미국 대통령 윌슨이 제안한 민족 자결주의에 대해서도 토의했어요. 민족 자결주의는 식민지로 고통 받고 있는 나라에 독립할 수 있다는 희망을 주었어요. 그러나 전쟁에서 이긴 나라들은 이를 무시했어요. 그들은 전쟁을 일으킨 제국주의에 대한 반성을 하지 않았어요. 전쟁이 다시 일어날 수 있는 불씨를 남겨 놓은 거예요.

★**민족 자결주의** 각 민족은 다른 나라의 도움이나 간섭 없이 스스로 문제를 해결할 수 있다는 주장이에요.

그림과 소설로 보는 끔찍한 전쟁

아래 그림은 오토 딕스가 그린 〈돌격대 독가스 공격〉이에요.
그는 제1차 세계 대전이 일어났을 때 나라를 사랑하는 마음에
군인이 되어 전쟁터에 나갔어요. 그때 너무도 끔찍한 전쟁을 경험하고 나서
전쟁에 반대하는 사람이 되었지요. 그는 전쟁이 얼마나 무서운가를
그림으로 그렸어요. 전쟁을 하면 절대 안 된다고 알리기 위해서예요.

오토 딕스 〈돌격대 독가스 공격〉

제1차 세계 대전

평범한 소년의 눈으로 본 전쟁을 생생하게 쓴 소설도 있어요. 레마르크가 쓴 〈서부 전선 이상 없다〉의 주인공 파울은 열여덟 살이에요. 파울은 제1차 세계 대전이 일어나자 친구들과 군대에 들어갔어요. 훈련을 받고 전투가 한창인 서부 전선으로 갔지요. 서부 전선은 독일과 프랑스가 맞붙은 프랑스와 벨기에 지역이에요. 파울은 살기 위해 적군을 죽이기도 하고 친구들의 죽음을 지켜보기도 했지요. 그 뒤 파울도 총에 맞아 죽었어요. 이와 같이 전쟁은 소중한 생명들을 빼앗아 갔어요.

세계 최초로 사회주의 국가를 세웠어요

겨울 궁전이 붉게 물들었어요

이제 러시아 상트페테르부르크에 있는 '겨울 궁전' 앞으로 가 볼까요? 이곳은 차르(러시아 황제)가 겨울에 머무르던 궁전이에요. 이 겨울 궁전 앞에서 러시아 혁명이 시작되었어요. 세계에서 처음 사회주의 국가가 태어난 곳이에요.

제1차 세계 대전

차르는 모든 권력을 쥐고 자기 마음대로 정치를 했어요. 힘들게 사는 국민들도 돌보지 않았어요. 일본과의 전쟁에서 진 뒤, 국민들은 살기가 더 힘들어졌어요. 1905년 1월, 굶주림에 시달린 사람들이 겨울 궁전 앞에 가서 차르에게 "빵과 평화를 주세요.", "자비를 베풀어 주세요." 하고 외쳤어요. 하지만 사람들에게 돌아온 것은 자비가 아니라 차르 군대가 쏜 총탄이었어요. 흰 눈이 쌓인 겨울 궁전은 사람들이 흘린 피로 붉게 물들었어요. 이를 '피의 일요일 사건'이라고 해요.

혁명이 일어났어요

'피의 일요일 사건'이 있고 나서 차르는 더 잔인하게 굴었어요. 한편으로는 국민들의 불만을 누그러뜨릴 방법을 궁리했어요. 그러다 제1차 세계 대전이 터지자 기다렸다는 듯 전쟁에 참여했어요. 전쟁에서 이기고 발칸 반도로 진출하여 국민의 불만을 잠재우려는 생각이었지요. 하지만 전쟁은 길어지고 러시아 군대는 지기만

제1차 세계 대전

했어요. 차르는 여전히 고통 받는 국민들을 돌보지 않았어요.
"전쟁을 중지하라", "차르를 몰아내자." 불만과 분노가 겨울 궁전을 뒤덮었어요. 1917년 2월, 참다못한 국민들이 혁명을 일으켰어요. 그중에는 가난한 여성 노동자, 남편을 전쟁터로 보낸 여자들도 많았어요. 차르가 보낸 병사들도 혁명을 외치는 국민들과 함께 싸웠어요. 혁명은 전국으로 퍼져 나갔어요. 차르는 결국 자리에서 물러났어요.

43

사회주의 국가가 세워졌어요

차르가 물러났지만 전쟁은 이어졌고 달라진 게 없었어요. 그래서 러시아 사람들은 노동자, 농민, 군인을 대표하는 회의인 소비에트를 만들어 임시 정부에 맞섰어요. 그러던 중 레닌이 지도자가 되어 소비에트 혁명을 성공시켰어요. 그 뒤 레닌은 제1차 세계 대전에서 손을 떼고, 생산에 필요한 땅이나 공장 등을 나라에서 관리하도록 했어요. 이어서 러시아를 중심으로 '소비에트 사회주의 공화국 연방'을 세웠지요. 이를 줄여서 '소련'이라고 해요.

★**연방** 생각이 같은 나라들로 이루어진 국가예요.

김알렉산드라의 꿈

러시아 아무르 강(헤이룽 강)에서 총살이 일어났어요. 그중에는 조선인 여성도 있었어요. 그가 바로 '우리나라 최초 여성 사회주의자', 김알렉산드라예요. 그는 모두가 평등하게 사는 세상을 꿈꾸며 일본에 맞서 독립운동을 했어요. 그리고 러시아에서 일어난 사회주의 혁명에 참여했어요. 러시아 혁명이 성공하면 소비에트에서 조선이 자유와 독립을 얻을 수 있게 도울 거라고 믿었거든요. 일본은 당시 러시아 혁명에 반대하는 세력에게 김알렉산드라를 체포하라고 했어요. 김알렉산드라는 죽음 앞에서도 모두가 평등한 세상과 조선의 독립을 당당하게 외쳤어요. 그러고 나서 열세 발자국을 걸으며 우리나라 13개 도를 가슴에 새기고 죽었다고 전해져요.

자유와 독립을 위하여~

가로 세로 번호에 따라 퍼즐 정답을 쓰고, 그 위에 색칠을 하면 낱말이 나타납니다. 재미있는 퍼즐을 풀며 지금까지 읽은 내용을 정리해 보세요.

★가로 문제

① 독일, 이탈리아와 함께 3국 동맹을 맺었던 제국이에요. 지금은 다른 나라가 되었지만 제1차 세계 대전 무렵에는 같은 나라였어요. (도움말: 16쪽_○○○○○-○○○)

② 전쟁터에서 서로 싸우던 적군도 성탄절에는 서로 인사를 했대요.
(도움말: 24쪽_○○○○○○○! 영어로 성탄절을 축하하는 말이에요.)

③ 1910년 멕시코 혁명 때, 농민들이 자신들의 힘든 생활을 이것에 빗대어 노래했어요.
(도움말: 14쪽_'라 쿠카라차')

④ 크고 환하게 웃는 웃음. (도움말: ○○웃음)

⑤ 1917년 러시아 혁명이 일어난 도시 이름이에요. (도움말: 40~41쪽)

⑥ 바다에서 불빛을 비추어 뱃길을 알려주는 시설이에요.

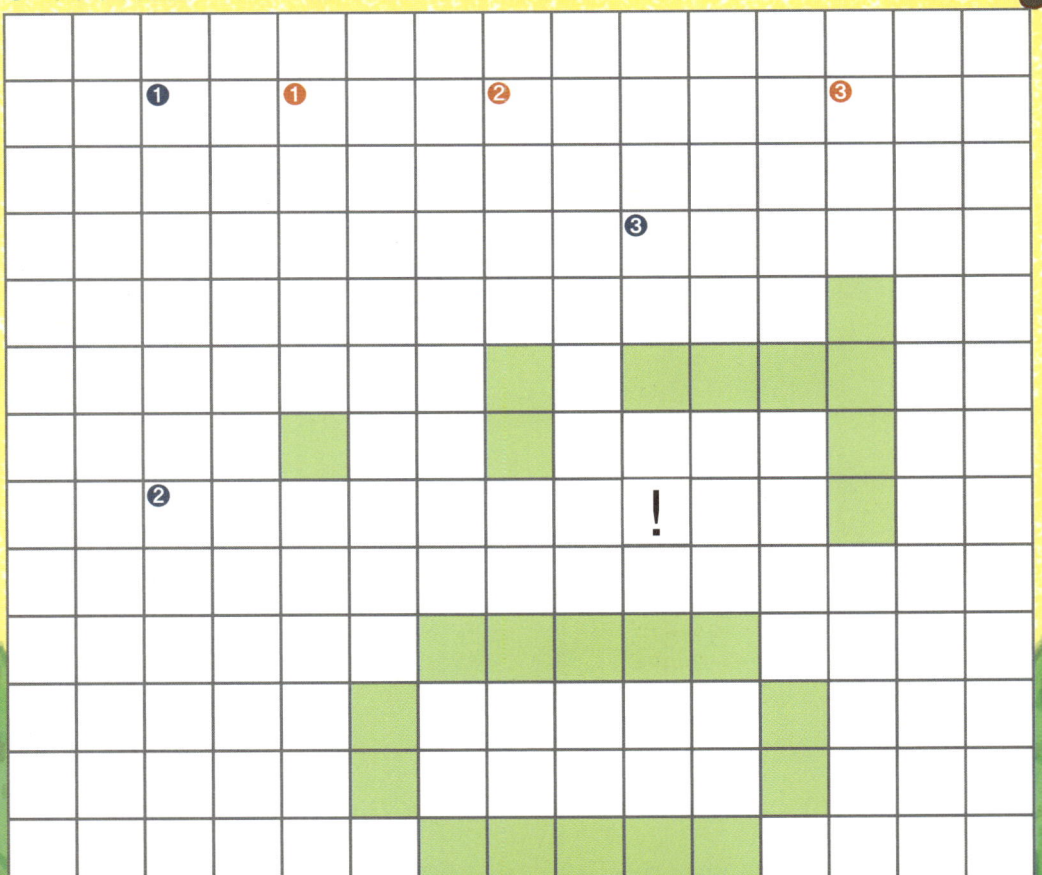

★ 세로 문제

❶ 전쟁 때 군인들이 몸을 따뜻하게 하기 위해 만든 옷이에요.
공기는 잘 통하고 물이 스며들지 않아요. (도움말: 24쪽)

❷ 천으로 만든 인형.

❸ 엷게 발그스름한 모양. (도움말: 부끄러워서 볼이 ○○○ 해졌어요.)

❹ 물속을 다니면서 전투를 수행하는 전투 함정.
(도움말: 33쪽_바다에서 강한 영국에 맞서 독일이 ○○○ 작전을 펼쳤어요.)

❺ 러시아 어로 황제라는 말이에요.(도움말: 40쪽)

❻ 센 사람들끼리 싸우는 통에 약한 사람이 중간에 끼어 피해를 입게 됨을 이르는 속담.

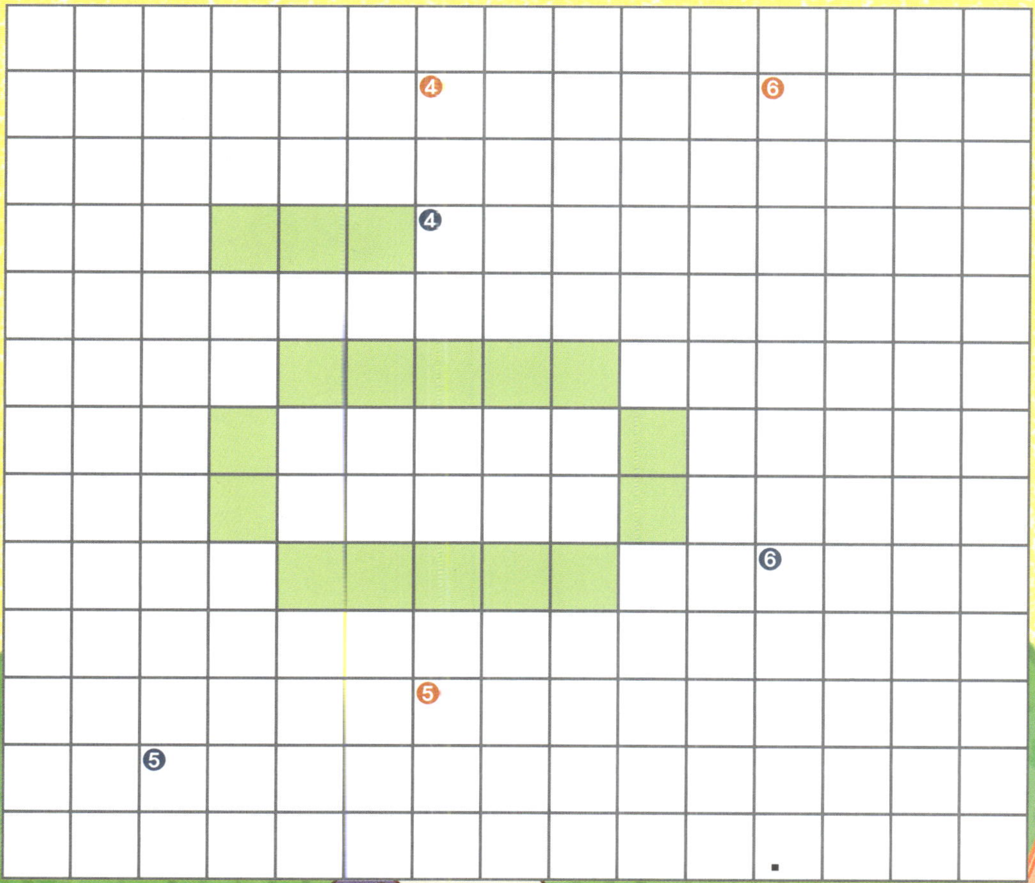

제1차 세계 대전은 연합국의 승리로 막을 내렸어요. 전쟁이 끝난 뒤
세계 곳곳에서 새로운 변화가 일어났어요.
유럽에서는 민주주의가 발전해 갔어요. 민주적인 헌법이
만들어지고 여성들도 선거를 할 수 있게 되었어요.
미국은 세계 경제 발전을 이끌었고요. 아시아와 아프리카에서는
힘차게 민족 운동을 벌였어요.
자! 이제 변화가 시작된 세계 여러 나라를 찾아가 볼까요?

제1차 세계 대전 이후 세계의 변화

유럽과 미국이 발전했어요

여성에게도 선거권을 달라!

제1차 세계 대전이 끝나고 유럽은 어떻게 달라졌을까요? 혼란스러웠던 사회가 잠잠해지며 민주주의가 발전했어요. 독일은 바이마르 공화국을 세우고 바이마르 헌법을 만들었어요. 스무 살부터 남자, 여자 모두 선거할 수 있도록 하는 민주적인 헌법이었어요. 우리나라 헌법도 바이마르 헌법의 영향을 받았어요.

제1차 세계 대전 이후 세계의 변화

영국과 미국에 사는 여성은 선거권이 없었어요. 여성이 사회에 도움이 된 것이 없다고 생각했기 때문이에요. 하지만 전쟁이 일어나 남자들이 전쟁터에 있는 동안 여성들이 전쟁에 필요한 물자를 만들었어요. 여성들은 정치에 참여하게 해 달라고 주장했어요. 영국과 미국 등 많은 나라에서 여성에게 정치할 권리를 주기 시작했어요.

동유럽에 독립의 깃발이 펄럭였어요

1919년 윌슨 대통령이 발표한 민족 자결주의의 평화 원칙은 세계 여러 나라의 독립운동에 영향을 주었어요. 이 원칙에 따라 독일, 오스트리아, 러시아가 지배하던 폴란드, 헝가리 등 동유럽 나라들이 독립을 했어요. 이들 나라는 공화국을 세우고 사회를 발전시키려고 애썼어요. 이제 막 민주주의 걸음마를 시작한 거예요.

제1차 세계 대전 이후 세계의 변화

미국은 가장 큰 부자 나라가 되었어요

유럽이 전쟁을 치르는 동안 미국은 부자가 되었어요. 전쟁에 필요한 무기와 물건을 만들어 팔아 돈을 많이 벌었거든요. 미국 땅에서 전쟁을 하지 않아 피해도 크지 않았고요. 전쟁이 끝난 뒤, 미국은 경제가 눈부시게 발전했어요. 점차 세계 경제를 이끄는 중심 나라가 되었어요.

여러 지역에서 민족 운동이 일어났어요

오스만 제국이 터키가 되었어요

오스만 제국은 제1차 세계 대전이 터지자 독일 편에 섰어요. 전쟁에 나가 연합군을 이기기도 했지만 점차 나라를 지키는 것이 힘들었어요. 국민들은 점점 더 살기가 어려워졌고요. 결국 술탄★ 정부는 연합국에 항복했고 오스만 제국의 영토 대부분을 잃었어요. 한때 드넓은 땅을 다스렸던 영광은 옛일이 되었답니다.

★**술탄** 이슬람 국가에서 정치적인 지배자를 부르는 말이에요.

제1차 세계 대전 이후 세계의 변화

한편 오스만 제국 국민은 정부가 영토를 잃고 불리한 조약을 맺자 분노했어요. 이에 국민들은 무스타파 케말을 중심으로 외세를 물리치고 오스만 제국을 무너뜨렸어요. 무스타파 케말은 헌법을 만들고 나라 이름을 '터키 공화국'으로 정했어요. 또한 술탄제를 없애고 대통령이 되어 터키를 발전시켰지요. 터키 사람들은 이런 무스타파 케말을 '터키의 아버지'라고 부른답니다.

독립을 하고 왕국이 된 서아시아

제1차 세계 대전 때 서아시아 아랍 민족은 영국 편에 서서 오스만 제국과 싸웠어요. 영국이 전쟁에서 이기면 독립을 시켜 주겠다고 약속했기 때문이에요. 하지만 전쟁이 끝난 뒤 영국과 프랑스는 서아시아를 나누어 지배했어요. 아랍 민족은 이에 굴하지 않고 서아시아의 독립을 이루어 나갔어요.

★**아랍 민족** 이슬람교를 믿으며 아라비아 어를 쓰고 아랍의 전통문화를 따르며 사는 사람들이에요.

제1차 세계 대전 이후 세계의 변화

식민지였다가 독립한 나라들은 대부분 국민이 대표를 뽑는 공화국을 세웠어요. 그런데 아프가니스탄, 이란, 이라크, 사우디아라비아는 왕이 다스리는 나라를 세웠어요. 왜 공화국이 아니라 왕국을 세웠을까요? 이슬람교에서는 종교 지도자인 술탄이 정치를 맡아요. 이슬람교 사람들은 술탄을 절대적으로 따르고요. 그래서 공화국을 세우지 않고 왕국을 세운 거예요.

간디가 비폭력·불복종 운동을 했어요

1919년, 인도 암리차르에서 시위가 일어났어요. 제1차 세계 대전 때 영국은 자신들을 도우면 인도를 독립 시켜 주겠다고 했어요. 하지만 영국은 약속을 지키지 않았어요. 인도 사람들은 거리로 나가 평화롭게 행진하며 목소리를 냈어요. 영국은 그런 인도 사람들을 마구 죽였어요. 이를 '암리차르 학살 사건'이라고 해요.
그러자 더 많은 인도 사람이 민족 운동에 나섰어요. 간디가 지도자가 되어 비폭력·불복종 운동을 이끌었어요. 나라를 다스릴 권리를 완전히 돌려 달라며 소금법에 맞서 행진을 벌이기도 했어요. 소금법이란 인도 사람들은 소금을 생산하지 못하게 하고, 영국이 세금을 붙여 비싸게 파는 소금만 사도록 한 거예요. 인도 국민들은 허리가 휠 정도로 생활이 어려워졌어요. 그래서 간디의 비폭력·불복종 운동에 동참하는 사람이 점점 많아졌어요.

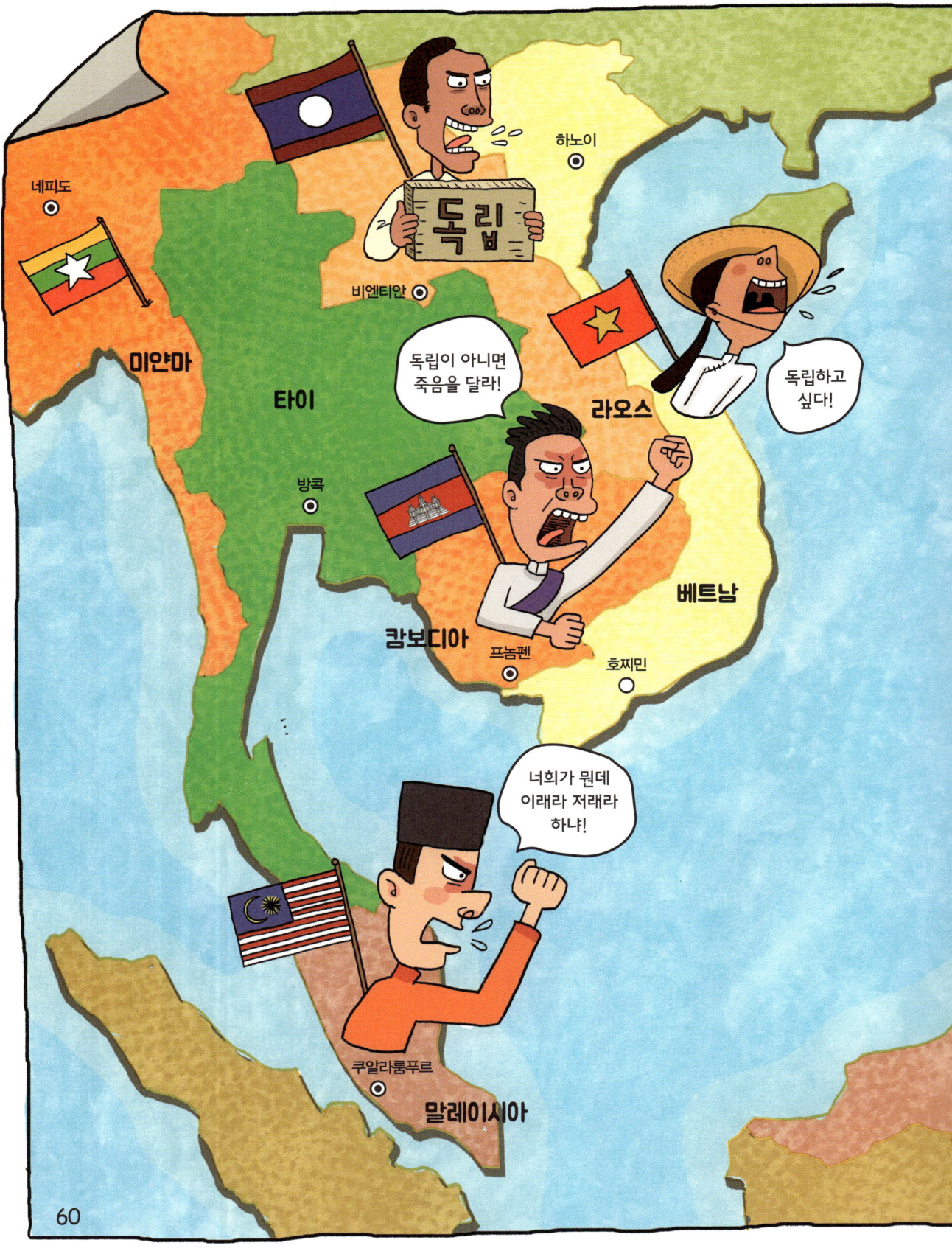

제1차 세계 대전 이후 세계의 변화

동남아시아에 민족 운동의 바람이 불었어요

동남아시아에서도 민족 운동이 일어났어요. 미얀마는 영국이 지배하는 인도에 속하게 되었어요. 그래서 영국과 인도로부터 벗어나기 위해 독립운동을 벌였어요. 라오스, 베트남, 캄보디아도 프랑스에 맞서 독립운동을 펼쳤어요. 그중에 시암은 유일하게 독립을 지키면서 개혁에 힘쓴 나라예요. 입헌 군주제를 실시하고 나라 이름도 '타이'로 바꾸었지요. 말레이시아는 영국이 다스렸어요. 그런데 여러 민족으로 이루어져 있어 민족 운동을 하기가 어려웠어요. 필리핀은 미국을 도와 에스파냐를 물리쳤어요. 하지만 미국은 오히려 필리핀을 지배하고 독립운동을 탄압했어요. 인도네시아는 수카르노를 중심으로 민족 운동을 펼쳤어요. 오랫동안 인도네시아를 지배해 온 네덜란드가 혹독하게 탄압했지요.

★**입헌 군주제** 나라를 다스리는 왕(군주)의 권력을 헌법으로 제한하는 정치예요.

아프리카가 통일을 외쳤어요

전 세계 흑인들이 하나로 뭉치자는 범아프리카주의 운동이 일어났어요. 백인으로부터 독립하자는 운동이지요. 아프리카 사람들이 파리에서 첫 번째 회의를 열었어요. 이때 나온 민족 자결주의에 영향을 받아 아프리카 독립운동으로 번져 갔어요.
범아프리카주의 운동가들은 아프리카의 독립을 위해 목소리를 높였어요.

우리는 독립을 원한다!

제1차 세계 대전 이후 세계의 변화

하지만 유럽 제국주의 나라들은 아프리카에서 순순히 물러나지 않았어요. 오히려 전쟁에서 이긴 영국과 프랑스에게 지배를 받는 아프리카 나라들이 늘어났지요. 아프리카는 범아프리카주의 운동으로 똘똘 뭉치기 시작했어요. 이것은 아프리카의 민족 운동이 곳곳에서 일어나는 힘이 되었지요.

에티오피아의 독립이 흔들렸어요

에티오피아는 아프리카에서 유일하게 독립을 지킨 나라예요.
메넬리크 2세는 에티오피아를 식민지로 삼으려고 쳐들어온 이탈리아를
물리쳤어요. 제1차 세계 대전 중에는 중립을 지켜 독립을 이어 갔고요.
전쟁이 끝난 뒤에는 국제 연맹에 가입을 했어요. 그러나 세계가
경제 공황으로 휘청거리자 기회를 노리던 이탈리아가 다시 쳐들어와
에티오피아를 식민지로 삼았어요.

★**메넬리크 2세** 1889~1910년까지 에티오피아를 다스린 황제예요.

제1차 세계 대전 이후 세계의 변화

이집트의 독립은 말뿐이었어요

제1차 세계 대전이 터지자 영국은 이집트 젊은이들을 전쟁터로 끌고 갔어요. 전쟁이 끝나자 이집트 사람들이 독립을 외쳤어요. 영국의 총칼에도 목숨을 아끼지 않았지요. 마침내 아프리카에서 처음으로 독립을 했어요. 그러나 독립은 말뿐이었어요. 영국은 군대를 그대로 두고 이집트 경찰과 군대를 거느렸어요. 여전히 수에즈 운하도 넘겨주지 않았고요. 이집트에서 민족 운동이 다시 거세지 일어났어요.

★**수에즈 운하** 아시아와 유럽을 연결하는 가장 짧은 항로예요

대한 독립 만세!

우리나라는 파리 강화 회의에서 나온 민족 자결주의에 대한 소식을 듣고 독립할 수 있다는 희망을 품었어요. 천도교, 기독교, 불교 단체와 학생들이 독립운동을 준비하고 있었지요. 그러는 사이 고종 황제가 세상을 떠났어요. 일본이 독살했다는 소문을 들은 우리 국민들은 분노했어요. 일본에서는 우리나라 유학생들이 조선의 독립을 외쳤어요.

1919년 3월 1일, 민족 대표들은 독립 선언서를 발표했어요. 학생들은 탑골 공원에서 독립 선언식을 열고 만세를 불렀어요. 삼천리 방방곡곡에서 "대한 독립 만세"가 울려 퍼졌어요. 일본이 탄압하여 당장에 독립을 하지는 못했어요. 하지만 우리 민족은 3·1 운동을 통해 독립 의지를 전 세계에 알리고, 상하이에 독립운동을 이끌어 갈 대한민국 임시 정부를 세웠어요. 또한 다른 나라의 민족 운동에도 영향을 주었어요.

★**고종 황제** 조선의 제26대 임금이자, 대한 제국의 첫 황제예요.

중국에서 민족 운동이 일어났어요

신해혁명이 일어났어요

청나라는 영국을 비롯한 힘센 나라들이 쳐들어와 힘이 약해졌어요. 이때 백성들을 중심으로 서양 세력을 물리치자는 의화단 운동이 일어났어요. 그러나 힘센 나라들에 의해 의화단 운동은 실패했어요.

청나라는 그들에게 엄청난 돈을 물어주어야 했어요. 살기가 어려워진 백성들은 불만이 커졌어요.

제1차 세계 대전 이후 세계의 변화

새르운 중국을 원하는 사람들이 쑨원을 중심으로 '중국 동맹회'라는 단체를 만들었어요. 그들은 '청나라를 무너뜨리자! 공화국을 세우자! 백성들의 생활을 안정시키자!' 이 세 가지 목표로 걸고 활동했어요. 한편 백성들은 청나라가 철도를 차지하려는 것에 반대했어요. 군인들도 백성들과 뜻을 함께했어요. 이러한 움직임은 청나라를 반대하는 운동이 되어 전국으로 널리 퍼졌어요. 이것을 '신해혁명'이라고 해요. 1912년 쑨원은 드디어 난징에서 중화민국을 세우고 임시로 대총통(나라를 다스리는 사람)이 되었어요.

신문화 운동을 벌였어요

쑨원은 혁명군을 공격하러 온 청나라 장군 위안스카이와 협상했어요. 그는 위안스카이가 청나라를 무너뜨리면 대총통 자리를 양보하겠다고 했어요. 위안스카이는 청나라를 무너뜨린 뒤 대총통이 되었어요. 하지만 갑자기 태도를 바꾸었어요. 그는 혁명군을 탄압하며 황제가 되려고 했어요. 또 군벌들과 손잡고 자기의 이익과 욕심을 채우기에 바빴어요.

★**군벌** 군인들을 중심으로 한 정치 집단이에요.

제1차 세계 대전 이후 세계의 변화

외국 세력에게 뒷돈을 받고, 국민에게는 세금을 많이 거두었지요. 그러다 위안스카이가 병으로 죽고 각 지역에서 군벌이 더 날뛰었어요.
한편 천두슈, 루쉰 같은 지식인들은 중국이 '옛 것을 지키려는 낡은 생각'을 가지고 있기 때문에 혼란에 빠진 거라고 생각했어요. 그래서 서양의 민주주의와 합리적인 과학 정신을 받아들이자는 '신문화 운동'을 벌였어요. 나라를 발전시키는 데 방해가 되는 낡은 생각을 고치자는 운동이에요.

청년이 중국의 희망입니다.

5·4 운동이 일어났어요

일본은 제1차 세계 대전이 터지자 연합국 편에서 전쟁에 참가했어요. 그리고 독일이 지배하던 칭다오 등의 중국 지역을 차지했어요. 또한 철도, 광산, 항만, 토지 소유권 등 이익이 되는 권리(21개조)를 중국에게 강제로 요구했어요. 중국은 일본의 요구에 싫다고 했지만 결국 받아들였어요. 일본에게 돈을 받은 중국 군벌들이 일본의 요구를 받아들였기 때문이에요.

제1차 세계 대전 이후 세계의 변화

중국은 파리 강화 회의에서 일본의 21개조 요구를 취소하라고 했어요. 그러나 힘센 연합국들이 이를 무시했어요. 베이징 대학생들은 "21개조 요구를 없애라.", "군벌을 쓰러뜨리자."라고 외치며 시위를 벌였어요. 국민들이 함께 하면서 시위는 커졌어요. 이를 '5·4 운동'이라고 해요. 마침내 일본이 요구한 21개조는 없던 것이 되었어요. 중국 영토를 보존해 주겠다는 약속도 받았고요.

국민당과 공산당이 손을 잡았어요

5·4 운동은 중국 사람들에게 새로운 힘을 주었어요. 국민들이 똘똘 뭉치면 큰 힘을 발휘할 수 있다는 것을 깨달았지요. 쑨원은 중화민국을 세운 혁명가들과 함께 국민당을 만들었어요. 다시 한 번 중국의 통일과 완전한 독립을 위해 나선 거예요.

제1차 세계 대전 이후 세계의 변화

한편 천두슈를 중심으로 한 지식인들은 모든 사람이 평등한 세상을 만들자며 공산당을 만들었어요. 국민당과 공산당은 목표가 같았어요. 중국에서 일본을 몰아내고 군벌을 없애는 것이었지요. 더는 군벌이 일본에 붙어서 나라를 팔아먹는 것을 두고 볼 수 없었어요. 군벌끼리 싸워도 국민들에게는 큰 고통이었어요. 이러한 문제를 해결하기 위해 국민당과 공산당이 손을 잡았어요. 이를 '제1차 국·공 합작'이라고 해요.

공산당은 멀고 먼 길을 갔어요

국민당과 공산당은 군벌을 없애기 위해 혁명군을 모아 싸웠어요. 그 뒤 쑨원이 죽고 장제스가 국민당을 이끌었어요. 장제스는 군벌에 의해 갈라진 중국을 하나로 합치기 위해 군벌들을 무찔렀어요.

1928년, 마침내 장제스가 베이징을 차지하고 통일을 이루었어요.

대총통이 된 장제스는 공산당 세력이 커지는 것이 두려웠어요. 그래서 국민당 군대를 앞세워 공산당을 탄압했지요.

공산당은 군대와 무기가 부족해서 싸울 수가 없었어요. 그래서 국민당 군대의 공격을 피해 떠나야 했어요. 추위와 굶주림에 시달리며 산을 넘고 물을 건너 걷고 또 걸었어요. 이 길에서 마오쩌둥이 지도자로 등장했어요.

공산당은 힘을 되찾아 일본에 맞서 싸웠어요. 국민들의 믿음도 얻게 되었지요.

나 마오쩌둥이 공산당의 지도자가 되겠소!

세계사 놀이터

인도의 간디가 그를 따르는 수많은 사람과 소금 행진을 하며 걷고 있어요. 이 그림에서 숨은 그림 다섯 개를 찾아보세요.

(숨은 그림 : 칼, 바나나, 밤, 지렁이, 가위)

세계 경제 대공황이 일어났어요.

미국을 비롯한 세계 곳곳이 경제 대공황의 늪에서 허우적거렸어요. **나라마다 위기를 이겨 낼 방법을 고민했어요.** 미국은 뉴딜 정책으로 이겨 내려고 했어요. 영국과 프랑스는 식민지를 이용해서 위기에서 벗어나려고 했지요. 이탈리아, 독일, 일본은 개인의 자유를 억누르고 국가를 최우선으로 하는 전체주의로 무장했고요. 세계는 다시 전쟁의 소용돌이로 빠져들었어요. **제2차 세계 대전**이 일어나게 된 거예요.

대공황이 일어났어요

닭고기를 마음껏 먹게 해 주겠다!

"집집마다 닭고기를 먹을 수 있고 차도 한 대씩 갖도록 하겠다!"

이 말을 한 후버가 미국 대통령이 되었어요.

그 무렵 미국에서는 닭고기가 돼지나 소고기보다 비쌌어요.

닭고기를 마음껏 먹을 수 있을 만큼 잘살게 해 주겠다는 뜻이었어요.

제2차 세계 대전

하지만 그가 대통령이 된 뒤에도 닭고기를 먹는 것은 꿈도 꿀 수 없었어요. 오히려 배고픔에 시달리거나 굶어 죽는 사람들이 많았어요.
사람들은 약속을 지키지 못한 후버 대통령을 비웃고 놀렸어요.
1929년 10월 24일 목요일, 뉴욕의 주식★시장에서 주식 값이 크게 떨어졌어요. 그러자 은행과 회사들이 문을 닫았고 실업자가 쏟아져 나왔어요. 공장과 가게에는 팔리지 않은 물건이 쌓였어요. 물건을 사고파는 시장이 뒤죽박죽되었지요. 이를 '경제 대공황'이라고 해요.

★**주식** 회사에 돈을 투자한 사람에게 그 회사에 대해 권리가 있음을 알려주는 증표예요.

미국의 경제 대공황

허리띠를 졸라매도 살 수가 없는걸!

일자리를 구할 수가 없네.

83

제2차 세계 대전

경제를 살리기 위해 나섰어요

미국에서 시작된 경제 대공황은 다른 나라로 퍼졌어요. 미국 덕분에 경제가 좋아졌던 나라들이 큰 어려움에 빠졌어요. 미국이 빌려준 돈을 도로 거두어들이자 유럽 여러 나라가 흔들렸어요. 미국과 물건을 사고팔았던 라틴 아메리카와 아시아도 휘청거렸고요. 세계 전체가 경제 대공황으로 끙끙 앓았지요.

경제 대공황에 처한 나라들은 어떻게 위기를 벗어났을까요? 미국에서는 새 대통령 루스벨트가 일자리를 많이 만들고, 가난하고 일자리 없는 사람들을 돕는 '뉴딜 정책'으로 문제를 해결해 갔어요. 영국과 프랑스는 물건을 많이 만들어 그들의 식민지에 팔았어요. 그 때문에 식민지 나라들은 더 심한 고통을 겪어야 했지요.

제2차 세계 대전

국가가 최고라고 했어요

개인의 자유를 억압한 파시스트당

이탈리아는 경제 대공황으로 실업자가 늘었지만 해결책이 없었어요. 게다가 국민들은 생활이 갈수록 어려워지고 불안이 커졌답니다. 그때 "이탈리아의 영광을 되찾자!"라고 외치며 무솔리니가 나타났어요. 그는 자신을 따르는 사람들과 파시스트당★을 만들고 로마로 쳐들어가 권력을 잡았어요. 파시스트당은 강력한 국가를 내세우며 전쟁을 준비했어요. 국민들의 불안을 전쟁으로 해결하려 한 거예요. 전쟁을 위해 자유를 억누르고 개인이 희생되는 것을 당연하게 여겼어요.

★**파시스트당** 개인의 자유를 억압하며 국가의 발전만 주장한 이탈리아의 정당이에요.

히틀러 만세!

독일은 제1차 세계 대전을 일으킨 책임을 모두 져야 했어요. 연합국에 끼친 손해까지 갚아야 했지요. 독일 국민들은 경제 대공황까지 밀려오자 몹시 괴로웠어요. 그때 히틀러가 "독일 민족의 영광을 되찾자!"라고 주장했어요. 그는 독일의 모든 문제를 해결하겠다고 큰소리를 쳤지요. 국민들이 기뻐하며 히틀러를 따랐어요.

히틀러가 이끄는 나치당이 선거에서 이겼어요. 그 뒤 그는 나라에서 가장 높은 자리에 올랐어요. 나치당은 독일 민족이 가장 잘났다며 다른 민족을 무시했어요. 특히 유대인을 나쁜 인종이라며 차별했어요. 또 전쟁에 쓸 무기와 물건을 만드는 공장을 세워 일자리를 늘렸어요. 그들은 뛰어난 독일 민족이 전쟁에서 반드시 이길 거라고 했어요. 국민들은 "히틀러 만세!"를 외치며 박수를 쳤어요. 그렇게 히틀러는 독일을 전체주의★ 국가로 만들어 갔어요.

★**전체주의** 강력한 국가 권력이 국민 생활을 통제하는 사회예요.

일본 국왕의 군대가 돼라!

제1차 세계 대전이 끝난 뒤 일본 사회는 점차 불안해졌어요. 경제 대공황까지 덮쳐 경제는 점점 나빠졌어요. 엎친 데 덮친 격으로 간토 지방에 대지진이 일어나 수많은 사람이 죽고 다쳤어요. 국민들은 살기가 힘들어서 불만이 쌓여 갔어요. 하지만 정부는 속 시원한 해결책을 내놓지 못했어요.
그 틈에 군인들의 힘이 커졌어요.

제2차 세계 대전

군인들이 불안해 하는 국민들의 마음을 이용해서 권력을 잡았어요.
그들은 나라를 커다란 군대로 여기고 사람들을 한 명 한 명 감시했어요.
국민 모두를 일본 국왕의 충성스런 군인으로 만들고자 했지요. 그러면서
경제적인 위기를 벗어나기 위해 중국을 침략해야 한다고 주장했어요.
이런 사상을 '군국주의'라고 해요.

히틀러와 무솔리니가 전쟁을 부추겼어요

제1차 세계 대전이 끝나고 살기가 어려운 것은 에스파냐도 마찬가지였어요. 그 무렵 독재에 억눌린 국민은 선거를 통해 공화정을 지지했어요. 공화정부는 민주주의 헌법을 만들고 노동자와 보통 사람들(중산층)이 살기 좋은 나라를 만들려고 노력했지요. 그러자 공화정부가 못마땅했던 프랑코 장군이 군인들과 반란을 일으켰어요. 에스파냐 안에서 전쟁이 일어났지요. 히틀러와 무솔리니의 도움을 받아 프랑코가 공화정부를 무너뜨렸어요. 전체주의가 이긴 거예요.

그러자 히틀러와 무솔리니가 세계로 눈을 돌려 더 큰 전쟁을 일으켰어요. 그래서 에스파냐 전쟁을 가리켜 제2차 세계 대전을 미리 연습한 것이라고 말하기도 하지요.

중국의 국민당과 공산당이 다시 손을 잡았어요

일본은 전쟁을 이용해 경제적인 어려움과 불안을 해결하려고 했어요. 전쟁에서 이겨 식민지가 생기면 얻는 것이 많아져 생활이 나아질 거라고 생각한 거예요. 먼저 전쟁에 쓸 무기와 물건을 만드는 공장을 세워 일자리를 늘렸어요. 그리고 중국 대륙을 침략하기 위해 만주로 쳐들어가 꼭두각시 만주국을 세웠지요.

시안에서 공산당과 싸우던 군인 장쉐량이 장제스에게 말했어요.

"공산당과 손을 잡고 일본의 침략을 막아야 합니다."

★**시안** 중국 중서 지역에 있는 도시예요.

제2차 세계 대전

장제스가 일본보다 공산당을 공격하는 데만 신경을 쓰고 있었거든요. 그러다 1937년에 중·일 전쟁이 일어나자 국민당과 공산당이 다시 손을 잡았어요. 이를 '제2차 국·공 합작'이라고 해요. 얼마 뒤, 일본이 중국 난징으로 쳐들어와 사람들을 마구 죽였어요. 이에 중국인들은 일본을 몰아내기 위해 힘을 합해 싸웠어요.

올림픽 금메달이 슬펐어요

제11회 베를린 올림픽에서 한 마라톤 선수가 일등을 했어요. 관중석에 있던 수많은 사람들이 일어서서 박수를 쳤어요. 하지만 기뻐해야 할 주인공은 고개를 숙였지요. 심지어 금메달을 목에 걸고도 슬퍼했어요. 그가 바로 일본 국기를 달고 뛴 우리나라 손기정 선수랍니다. 동메달을 딴 남승룡 선수도 옆에서 눈물을 흘렸어요.

3·1 운동 이후, 일본은 친일파를 만들려고 힘썼어요. 우리 민족을 갈라놓고 뭉치지 못하도록 한 거예요. 더구나 우리나라를 발판으로 삼아 중국을 쳐들어가려고 했죠. 우리나라 사람들은 괴롭고 힘든 날들을 보냈어요. 이때 손기정 선수가 금메달을 땄다는 소식을 듣게 되었어요.

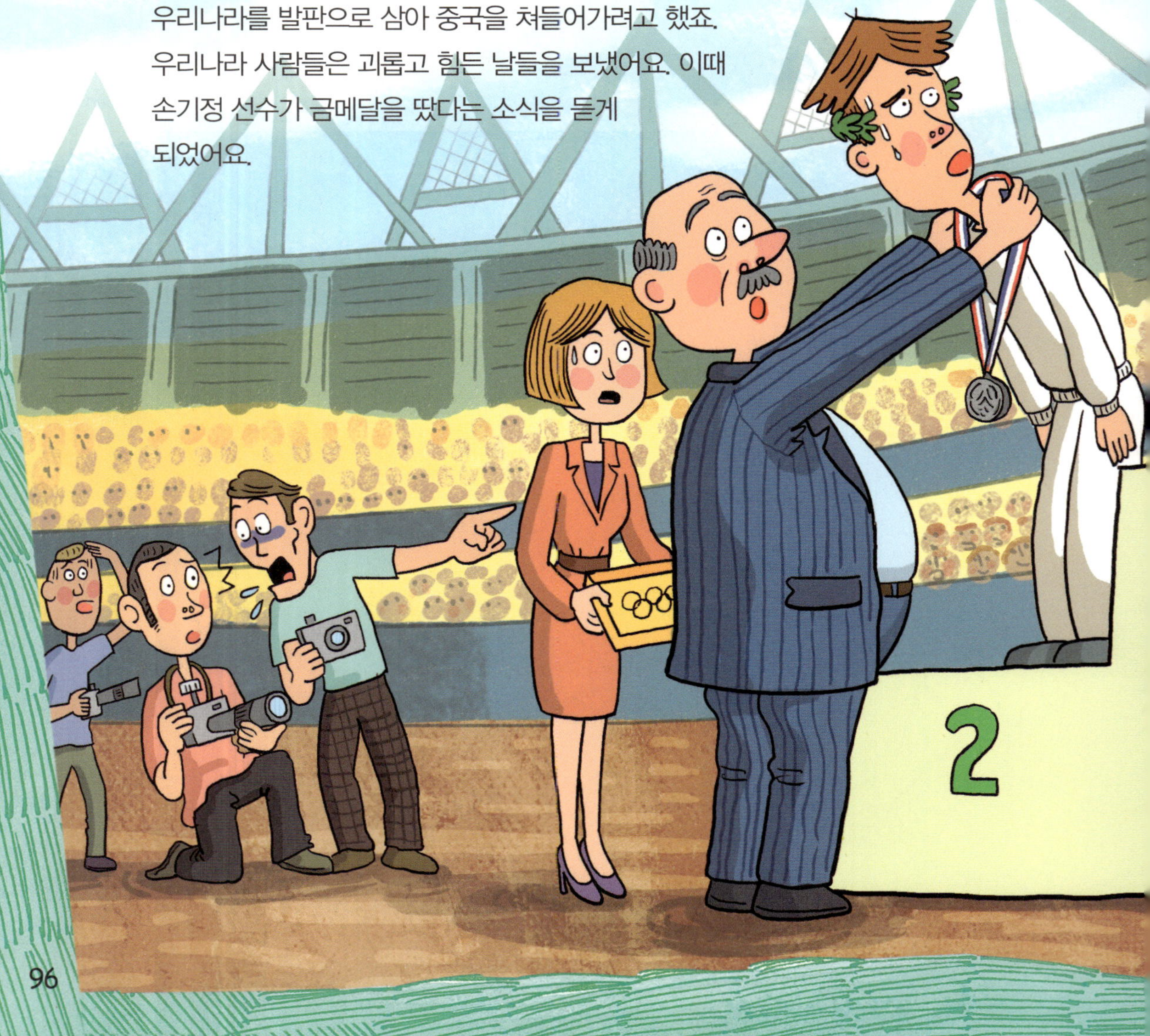

온 국민이 눈물을 흘리며 기뻐했어요. 손기정 선수와 남승룡 선수는 우리 민족에게 용기를 주었어요. 비록 일본 국기를 가슴에 달고 뛰어야 했지만 두 선수가 우리나라 사람인 것은 변함없으니까요.

★**친일파** 일본을 따르는 사람들을 말해요.

제2차 세계 대전이 일어났어요

세계가 피로 얼룩졌어요

히틀러는 독일 민족이 세계에서 가장 위대하다면서 다른 나라를 서슴없이 침략했어요. 영국과 프랑스는 '독일이 소련을 막아 주겠지.' 하며 식민지를 지키는 데만 신경 썼어요. 독일은 소련과 서로 공격하지 말자고 약속해 놓고 폴란드에 쳐들어갔어요. 그제야 영국과 프랑스는 더 이상 보고만 있을 수 없어 독일에 전쟁을 선포했어요.

— 제1차 세계 대전 이후 국경선

소련   제2차 세계 대전

다시 전쟁의 불씨가 타올랐어요. 독일은 전쟁에서 계속 이기며 이탈리아와 함께 프랑스 파리까지 차지했어요. 유럽 나라 대부분이 독일의 공격에 무너졌어요. 영국만이 굳세게 맞서 싸웠지요. 영국과의 전쟁이 길어지자 독일은 소련과 한 약속을 깨고 갑자기 소련으로 쳐들어갔어요. 소련은 영국과 힘을 합쳐 독일에 맞서 싸웠어요. 그때부터 연합국이 승리의 깃발을 꽂기 시작했어요.

안네가 숨어서 일기를 썼어요

하늘과 땅, 바다가 온통 전쟁터로 바뀌었어요. 전투기, 탱크, 잠수함 등 강력한 무기로 인해 많은 사람이 죽어 나갔어요. 군인뿐만 아니라 보통 사람들도 마구 죽임을 당했지요. 제2차 세계 대전은 어떤 전쟁보다 더 무섭고 끔찍했답니다. 히틀러는 독일 민족이 가장 우수하고 유대 인이 가장 나쁘다고 선전했어요. 이러한 인종주의로 유대 인들을 짓누르고 괴롭혔어요.

제2차 세계 대전

그래서 수많은 유대 인이 아우슈비츠 수용소에 끌려가서 죽었어요. 유대 인들은 독일을 떠나거나 숨어 살아야 했어요. 안네의 가족도 숨어서 살다가 독일 비밀경찰에게 들켜 수용소로 끌려갔어요. 간신히 살아남은 안네의 아버지는 전쟁이 끝나고 안네가 쓴 일기를 책으로 펴냈어요. 〈안네의 일기〉는 전쟁의 슬픔과 끔찍함을 일깨워 주는 소녀의 이야기예요.

★**인종주의** 우수한 인종과 낮은 인종이 있다고 생각해 차별하고 지배하는 거예요.
★**아우슈비츠 수용소** 제2차 세계 대전 중에 폴란드 아우슈비츠에 있던 강제 수용소예요.

전쟁이 태평양으로 확대되었어요

일본은 중국을 침략했지만 뜻대로 되지 않았어요. 중국이 하나로 뭉쳐 굳세게 저항했거든요. 게다가 미국이 중국 편을 들면서 전쟁 물자도 구하기 어려웠어요. 일본은 물자가 많은 동남아시아 나라들에 쳐들어갔어요. 일본이 침략을 확대하자 미국, 영국, 중국 연합군이 일본에 맞섰어요. 그러자 일본이 하와이 진주만에 있던 미군을 마구 공격해 태평양 전쟁을 일으켰답니다.

제2차 세계 대전

코카콜라를 마시며 싸웠어요

진주만에서 갑작스런 공격을 당한 미국은 하와이 미드웨이 바다에서 일본군을 크게 무찔렀어요. 이어 미국은 연합군과 힘을 합쳐 독일과 이탈리아 군대를 무너뜨렸어요. 이어서 연합군이 로마를 차지하자 이탈리아가 항복했어요. 연합군은 독일이 지배하고 있던 프랑스의 노르망디로 쳐들어가 프랑스를 해방시켰어요. 연합군의 활약이 대단했지요. 그런데 미국 군인들이 싸우는 곳에는 늘 코카콜라가 있었어요. 군인들이 지치고 힘들 때 의욕을 높이기 위해 나누어 주었지요.

성과 이름을 일본식으로 바꾸게 했어요

우리나라 사람이 우리말로 이름을 짓는 것은 너무도 당연해요. 그런데 이름을 우리말로 부르거나 쓰지 못하던 때가 있었어요. 일제 강점기에 우리나라 사람들은 성과 이름을 일본식으로 바꾸도록 강요당했어요. 심지어 학교에서도 우리말이 아니라 일본말만 쓰게 했어요. 그렇지 않으면 학교에 갈 수도 없고 식량도 받을 수 없었지요.

나는 일본인입니다.

일본이 일으킨 전쟁 때문에 우리나라는 괴로움에 더욱 시달렸어요. 청년들은 전쟁터로 끌려갔고 여성과 어린이까지 전쟁으로 내몰렸지요. 일본은 조선과 하나라고 주장하면서 일본 국왕의 신하와 백성이 되라고 강요했어요. 우리 민족을 아주 없애 버리려고 한 거예요. 이런 상황에서 우리말과 글을 지켜낸 것은 참 소중한 일이지요.

제2차 세계 대전이 끝났어요

리틀 보이(꼬맹이)와 팻 맨(뚱뚱이)! 누구 별명이냐고요? 리틀 보이는 작고, 팻 맨은 더 컸기 때문에 붙여진 원자 폭탄 이름이에요. 일본 히로시마에는 리틀 보이가, 나가사키에는 팻 맨이 터졌어요. 번쩍거리며 거대한 버섯구름이 솟아올랐어요. 헤아릴 수 없이 많은 사람이 죽고 다쳤어요. 도시는 불에 타 무너지고 어두움에 휩싸였지요.

제2차 세계 대전

1945년 연합군이 독일을 공격하러 갔어요. 소련군과 미군이 베를린을 지배하자 독일은 무조건 항복했어요. 유럽에서의 전쟁은 그렇게 끝이 났지요. 하지만 일본은 끝까지 항복하지 않고 버텼어요. 그래서 미국이 일본 히로시마에 원자 폭탄을 떨어뜨렸어요. 1945년 8월 15일, 일본이 항복을 했고 제2차 세계 대전은 막을 내렸답니다.

전쟁에 대한 재판이 열렸어요

제2차 세계 대전은 가장 잔인하고 끔찍한 전쟁이었어요. 5천만 명이 넘는 사람이 죽거나 다쳤으니까요. "전쟁은 너무 슬프고 끔찍해. 다시 일어나선 안 돼.", "좋은 방법이 없을까?" 그래서 전쟁을 저지른 사람들을 철저히 벌주기로 했어요. 전쟁이 끝나고 독일 뉘른베르크와 일본 도쿄에서 재판이 열렸어요.

제2차 세계 대전

'평화와 정의를 위하여!' 두 재판의 목표는 같았지만 재판 결과는 달랐어요. 뉘른베르크 재판은 엄하고 철저했어요. 전쟁을 저지른 사람은 공공 단체에서 일을 할 수 없게 하는 등 벌을 주었어요. 반면 도쿄 재판에서는 일본 국왕을 비롯해 전쟁을 일으킨 사람들을 제대로 벌하지 않았어요. 재판을 받지 않고 풀려난 사람도 있었어요. 이렇게 일본은 전쟁에 대한 반성을 제대로 하지 않았어요.

제2차 세계 대전이 끝난 뒤, 아시아와 아프리카의 여러 나라가 독립을 했어요.
세계는 미국과 소련 편으로 나뉘어 냉전에 들어갔지요. 무기로 싸우지는 않았지만
서로 핵무기 개발에 열을 올리며 팽팽하게 맞섰어요.
아시아와 아프리카 여러 나라가 이에 반대하며 세계 평화를 주장했어요.
냉전이 막을 내리고 소련을 비롯한 사회주의 국가들도
개혁과 개방을 외쳤지요.
세계 곳곳에서 자유와 변화의 바람이 힘차게 불었어요.
과학 기술이 빠른 속도로 발전하여 세계는 점차 하나로 이어지고 있어요.

제2차 세계 대전 이후 세계의 변화

제2차 세계 대전 이후 세계의 변화

세계가 동서로 나뉘었어요

국제 연합이 태어났어요

10월 24일은 국제 평화 기구인 국제 연합(유엔)의 날이에요. 예전에 국제 연맹이 있었는데 미국이나 러시아 같은 강대국이 빠져서 큰 힘을 발휘하지 못했어요. 세계는 큰 전쟁을 두 번이나 치르면서 전쟁을 막고 평화를 지키는 곳이 필요하다고 생각했어요. 그래서 나라 간 다툼을 해결하고 평화와 협력을 다지기 위해 국제 연합을 세웠지요. 또한 필요할 때 국제 연합군이 무력을 쓸 수 있도록 했어요. 오늘날 국제 연합에 대한 기대와 중요성이 점점 커지고 있답니다.

해결할 문제가 많아요.

세계가 두 편으로 갈라섰어요

제2차 세계 대전이 끝나자 새로운 전쟁이 시작되었어요. 이번에는 무기 대신 사상★을 앞세워 팽팽하게 맞섰어요. 세계는 미국과 소련을 중심으로 갈라졌어요. 미국은 개인의 자유를 존중하고 재산을 인정하는 자본주의를 따랐어요. 소련은 평등을 중요하게 여기고 이익을 골고루 나누는 사회주의를 따랐어요.

두 편에 선 나라들은 경제나 외교 등 여러 분야에서 서로 다투며 맞섰어요. 이것을 '차가운 전쟁', 냉전이라고 해요.

★**사상** 사회, 정치, 삶 등에 대한 생각이에요.

제2차 세계 대전 이후 세계의 변화

냉전은 어떻게 시작되었을까요? 소련은 동유럽에 자신들과 같은
사회주의 나라를 세우기 위해 힘썼어요. 소련 편이 많아지자,
미국에서도 자본주의 나라를 돕겠다고 나섰지요.
냉전은 독일을 반으로 갈라놓았어요. 소련은 베를린 동쪽 지역을 다스리고,
미국, 영국, 프랑스는 베를린 서쪽 지역을 다스렸어요.
동부 독일에는 사회주의 나라를, 서부 독일에는 자본주의 나라를 세웠지요.
얼마 뒤, 둘 사이를 가로막는 벽이 높이 세워졌어요.

흥, 사회주의가 뭔지 보여 주지.

'평화 10원칙'을 발표했어요

아시아, 아프리카, 라틴 아메리카의 공통점은 무엇일까요? 세 대륙에 속한 나라 대부분이 제국주의 국가의 침략을 받아 식민지가 되었어요. 제2차 세계 대전이 끝나고 나서야 독립을 할 수 있었지요. 모든 것을 빼앗기고 오랫동안 고통 받은 나라들은 제국주의와 식민 지배를 반대했어요.

제2차 세계 대전 이후 세계의 변화

1955년 인도네시아 반둥에서 회의가 열렸어요. 아시아와 아프리카 나라 대부분이 모였어요. 모두들 다시는 식민 지배가 일어나면 안 된다고 말했어요. 그리고 미국과 소련 어느 편에도 서지 않겠다고 했지요. 그들은 세계 평화와 경제 협력을 위한 '평화 10원칙'을 발표했어요. 그 뜻을 따르는 나라들이 점점 늘어났어요.

세계 속 한국사: 나라를 되찾은 기쁨이 분단의 아픔이 되었어요

1945년 8월 15일, 드디어 우리나라를 되찾게 되었어요. 하지만 미국과 소련이 38도선을 그어 남쪽과 북쪽 지역을 나누어 다스렸어요. 우리 힘으로 나라를 세우려고 노력했지만 그러지 못했어요. 결국 국제 연합의 결정에 따라 총선거를 실시했어요. 그 결과 남쪽에는 대한민국 정부가 세워졌고, 북쪽에는 조선 민주주의 인민 공화국이 들어섰어요.

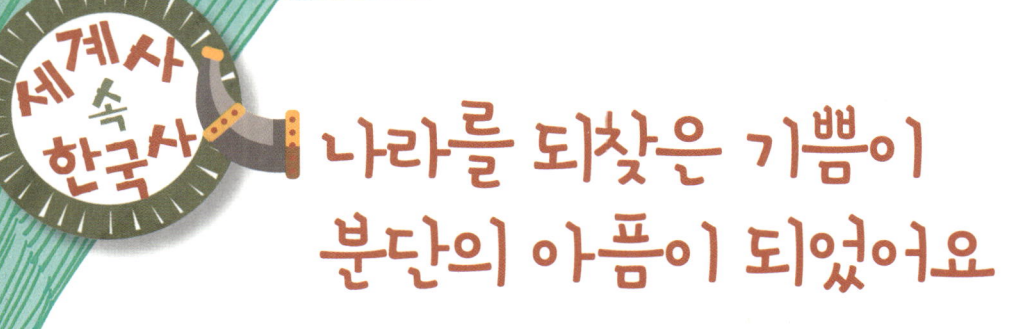

그런데 우리 민족끼리 서로 싸우는 끔찍한 일이 일어났어요. 1950년 6월 25일, 북한군이 남한으로 쳐들어왔어요. 국제 연합은 북한이 잘못한 것이라며 국제 연합군을 보냈어요. 국군과 국제 연합군이 인천 상륙 작전으로 북한군을 공격하며 압록강까지 올라갔어요. 그러자 중국이 북한을 도우려고 군대를 보냈어요. 이번에는 국군과 국제 연합군이 후퇴하여 38도선 근처에서 공산군과 세차게 싸웠어요. 얼마 뒤, 소련이 먼저 미국에 전쟁을 멈추자고 했어요. 1953년 휴전 협정이 이루어졌어요. 전쟁은 멈추었지만 우리나라는 지금까지 둘로 갈라져 있어요.

제2차 세계 대전 이후 세계의 변화

아시아와 인도에 변화의 바람이 불었어요

중화 인민 공화국을 세웠어요

1945년 중국이 일본을 물리쳤어요. 국민당과 공산당이 국민들과 똘똘 뭉쳐 싸운 결과이지요. 그런데 국민당과 공산당은 세우고 싶은 나라가 서로 달랐어요. 두 세력은 다시 싸웠어요. 처음에는 국민당이 이겼지만, 관리들이 자기 이익만 챙기자 국민들이 공산당 편을 들었어요. 1949년 10월 1일, 공산당을 이끈 마오쩌둥이 중화 인민 공화국의 시작을 알렸어요. 정부는 산업을 모두 나라 것으로 하고 농민들에게 땅을 나누어 주었어요. 또한 마오쩌둥이 농업과 공업 생산을 빨리 늘려 경제를 발전시키자는 운동을 펼쳤으나 실패했어요. 그는 얼마 뒤 자신을 따르는 홍위병(청소년 군대)을 만들어 '문화 대혁명*'을 일으켰어요. 사회주의를 굳건히 하기 위해서였어요. 그 과정에서 전통문화가 파괴되고 나라가 혼란에 빠졌답니다.

★문화 대혁명 마오쩌둥이 자신의 권력을 지키기 위해 자본주의 요소를 없애고 사회주의를 지켜야 한다고 벌인 운동이에요.

일본 경제가 살아났어요

일본은 전쟁에서 진 뒤, 경제가 발전하지 못하고 제자리에 머물렀어요. 그러다 냉전이 시작되면서 미국이 일본을 아시아의 중심지로 삼아 경제적으로 도와주었어요. 또한 우리나라에서 6·25 전쟁이 일어났을 때 전쟁 물자를 대주면서 돈을 많이 벌었어요.
일본의 공장 기계가 쉴 틈 없이 돌아갔어요. 공장의 불빛도 꺼지지 않았지요.

제2차 세계 대전 이후 세계의 변화

일본은 경제를 빠르게 성장시켰어요. 일본 제품은 세계에서 인기가 아주 좋았어요. 덕분에 일본은 미국 다음으로 잘사는 나라가 되었어요. 전쟁을 할 만큼 강력한 힘도 키웠지요. "일본이 또다시 전쟁을 일으키면 어떡하지?" 아시아의 여러 나라들은 걱정이 되기 시작했어요.

베트남이 끝까지 싸워서 독립했어요

1945년 베트남의 민족 운동가인 호찌민이 베트남 민주 공화국이 독립했다고 널리 알렸어요. 그러나 베트남을 식민지로 다스렸던 프랑스가 다시 쳐들어왔어요. 베트남 국민들은 분노하며 프랑스를 물리치기 위해 8년 동안 싸웠어요. 두 나라는 결국 전쟁을 멈추기로 했지만 베트남은 남과 북으로 갈라졌어요. 어떤 나라를 만들지 남과 북의 생각이 서로 달랐기 때문이에요.

제2차 세계 대전 이후 세계의 변화

북베트남은 호찌민이 다스리고, 남베트남은 미국이 돕고 있었어요. 북베트남은 베트남을 통일하기 위해 남베트남과 전쟁을 했어요. 베트남은 다시 피로 물들었어요. 결국 남베트남이 항복을 하고 미국도 물러났어요. 베트남은 통일을 이루었어요. 그 뒤, 나라의 독립과 통일에 모든 것을 바친 호찌민의 이름을 따 도시 이름을 호찌민으로 바꾸었어요.

동남아시아 나라들이 독립의 깃발을 올렸어요

동남아시아의 다른 나라로 가 볼까요? 미얀마는 제2차 세계 대전 때 영국을 도와 일본과 싸웠어요. 전쟁이 끝난 뒤 독립을 했지만 정치가 어지럽고 나라가 혼란스러웠어요. 그 틈에 군인들이 정치권력을 빼앗아 직접 지배하기 시작했어요.

라오스와 캄보디아는 프랑스로부터 독립했어요. 두 나라 역시 정치적으로 혼란을 겪다가 공산당을 중심으로 정부를 세웠어요.

한편 말레이시아는 전쟁 뒤에 영국의 지배에 맞서 싸웠어요. 영국은 싱가포르를 떼어 내고 말레이시아의 독립을 인정했어요. 필리핀은 미국으로부터 독립한 뒤, 미국과 여러 조약을 맺어 아시아에서 공산주의에 반대하는 중요 지역이 되었어요. 인도네시아는 전쟁이 끝난 뒤, 네덜란드의 탄압에 맞서 싸워 이겼어요. 그리고 독립운동을 이끌었던 수카르노를 대통령으로 공화국을 세웠어요.

인도가 두 나라로 독립했어요

1947년 8월 15일, 간디의 뒤를 이은 네루가 인도의 독립을 선언했어요. 영국에 맞서 싸운 독립운동이 꽃을 피운 것이지요. 하지만 통일된 나라를 세우지는 못했어요. 힌두교를 믿는 인도와 이슬람교를 믿는 파키스탄으로 갈라졌기 때문이에요. 영국은 인도를 다스릴 때 두 종교의 사이가 나빠지도록 부추겼어요. 인도인들이 하나로 뭉쳐 영국에 맞서 싸우지 못하게 한 거예요. 그래서 인도는 둘로 나뉘어 독립하게 되었어요.

- 인도
- 서파키스탄(파키스탄)
- 동파키스탄(방글라데시)

제2차 세계 대전 이후 세계의 변화

인도의 독립에 평생을 바친 간디는 인도인들이 한마음으로 뭉쳐야 한다고 호소했어요. 하지만 그는 인도와 파키스탄으로 갈라져야 한다고 주장하는 힌두교 청년이 쏜 총에 맞고 죽었어요.

인도는 헌법을 만들어 신분 제도인 카스트를 없애고 공화국을 선언했어요. 그 뒤 네루가 나라의 최고 책임자가 되어 민주주의와 경제 발전에 힘썼어요. 그는 냉전 시기에도 미국과 소련 어느 편에도 서지 않았어요.

★**파키스탄** 1970년에 동·서 파키스탄으로 나뉘었다가 1971년에 동파키스탄이 방글라데시로 독립했어요.

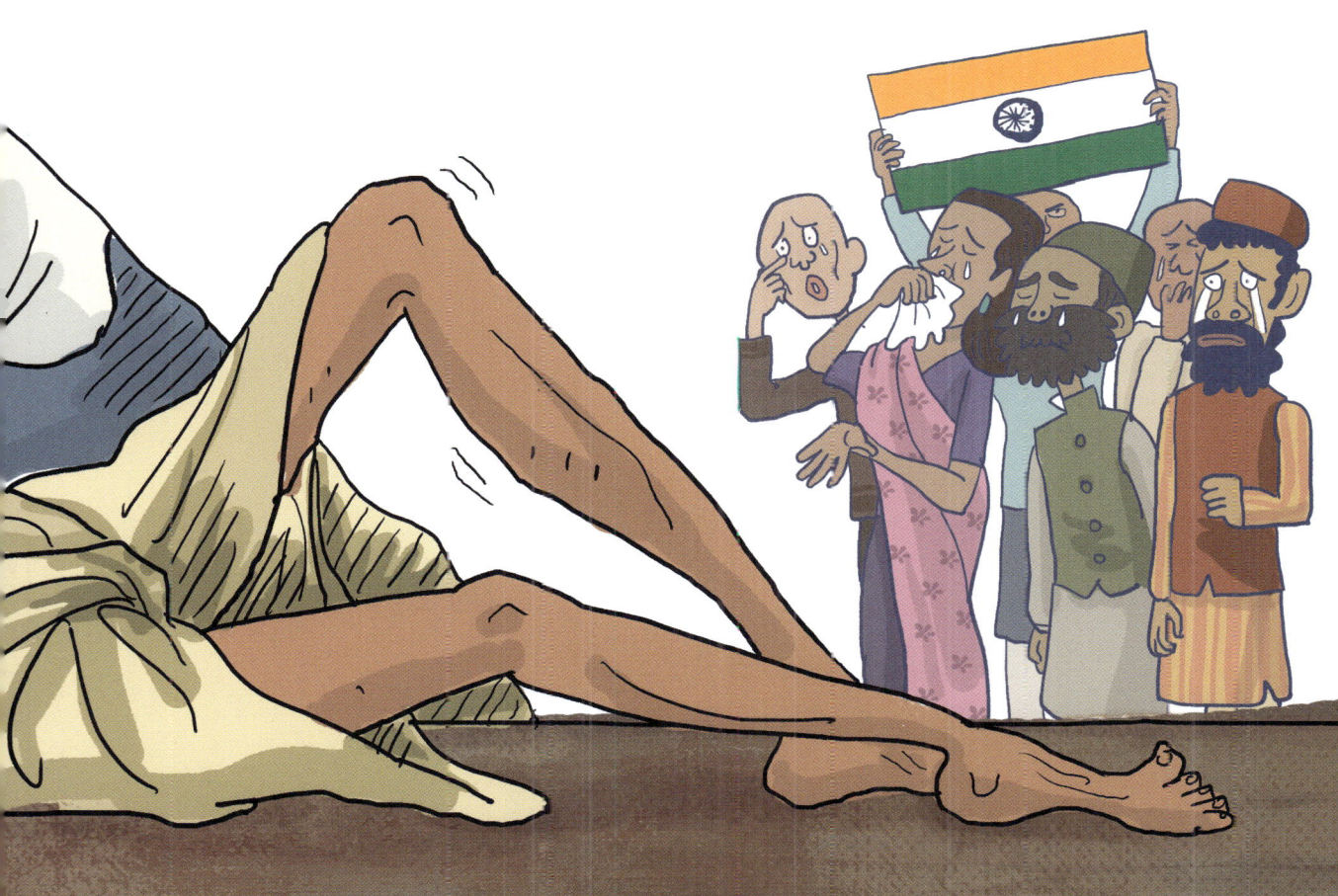

서아시아는 전쟁이 끊이지 않고 있어요

레바논, 이란, 이라크, 사우디아라비아는 제2차 세계 대전이 끝나고 영국과 프랑스에서 벗어나 완전히 독립했어요. 시리아, 요르단, 예멘도 독립을 했지요.

서아시아에 속한 이들 나라는 아랍 연맹을 만들어 힘을 모으고, 석유를 팔아 도로, 학교, 병원 등을 세우고 경제를 일으켰어요.

한편, 1948년 유대 인들은 미국과 영국을 등에 업고 팔레스타인 땅에 이스라엘을 세웠어요. 그래서 그곳에 살던 팔레스타인 사람들이 쫓겨났어요. 영국의 이중 정책 때문이에요. 영국은 제1차 세계 대전 때 아랍 인과 유대 인의 도움이 모두 필요했어요. 그래서 아랍 인에게는 독립을 약속하고, 유대 인에게는 팔레스타인에 나라를 세우게 해 주겠다고 했어요. 영국이 아랍 인과 유대 인에게 똑같은 약속을 한 거예요. 그래서

한쪽의 약속은 깨질 수밖에 없었지요.

지금도 이스라엘과 팔레스타인은 물론이고, 서아시아에는 전쟁이 끊이지 않고 있어요. 아랍 나라들은 이스라엘을 도와주는 미국과 이스라엘에 맞서 자주 싸웠어요. 그 과정에서 그들은 석유를 무기로 내세웠어요. 석유 생산을 줄이고 수출을 아예 금지한 거예요. 세계 여러 나라는 석유가 부족해서 휘청거렸지요. 이를 '석유 파동'이라고 해요.

아프리카가 기지개를 켜고 있어요

이집트가 '삼총사 작전'을 이겼어요

영국은 제2차 세계 대전이 끝나고 나서야 이집트에서 물러났어요.
얼마 뒤 나세르를 중심으로 공화국을 세웠어요. 대통령이 된 나세르는
경제를 발전시키기 위해 서둘러 댐을 지었어요. 미국과 영국은 도와주기로
한 약속을 깼어요. 나세르가 비동맹 중립을 내세웠기 때문이에요.
또한 나세르는 "수에즈 운하는 이집트 것"이라며 서유럽 나라가
수에즈 운하를 이용하지 못하게 했어요.

제2차 세계 대전 이후 세계의 변화

이에 영국, 프랑스, 이스라엘 세 나라가 '삼총사 작전'을 세우고 이집트를 침략했어요. 국제 여론은 이집트를 지지했어요. 뜻밖에 미국도 이집트 손을 들어 주었어요. 세 나라의 '삼총사 작전'은 실패하고 말았어요.

아프리카의 독립이 이어졌어요

아프리카에도 독립의 바람이 불었어요.
영국과 프랑스는 식민지가 어느 정도 스스로 일을
처리하도록 허락하다가 독립을 인정했어요. 여기저기에서
저항이 일어났기 때문이에요. 대표적인 나라를 볼까요? 황금 해안이라
불리는 가나는 독립운동을 이끈 은크루마를 중심으로 영국과 싸워 공화국을
세웠어요. 아프리카의 발전을 위해 힘쓴 은크루마는 '아프리카 독립운동의
아버지'라고 불려요.

제2차 세계 대전 이후 세계의 변화

1960년은 '아프리카의 해'예요. 나이지리아를 비롯하여 여러 나라가 한꺼번에 독립했기 때문이에요. 한편 알제리는 프랑스에 맞서 8년 동안 독립 전쟁을 하고 있었어요.
전쟁은 갈수록 잔인하고 격렬해졌어요. 여러 나라가 알제리를 도와주었고, 드디어 알제리 공화국이 탄생했어요. 그 뒤에도 아프리카 나라들이 독립을 이어 갔어요.

★**은크루마** 아프리카 민족운동 지도자로, 국민 투표로 뽑힌 가나의 첫 대통령이에요.

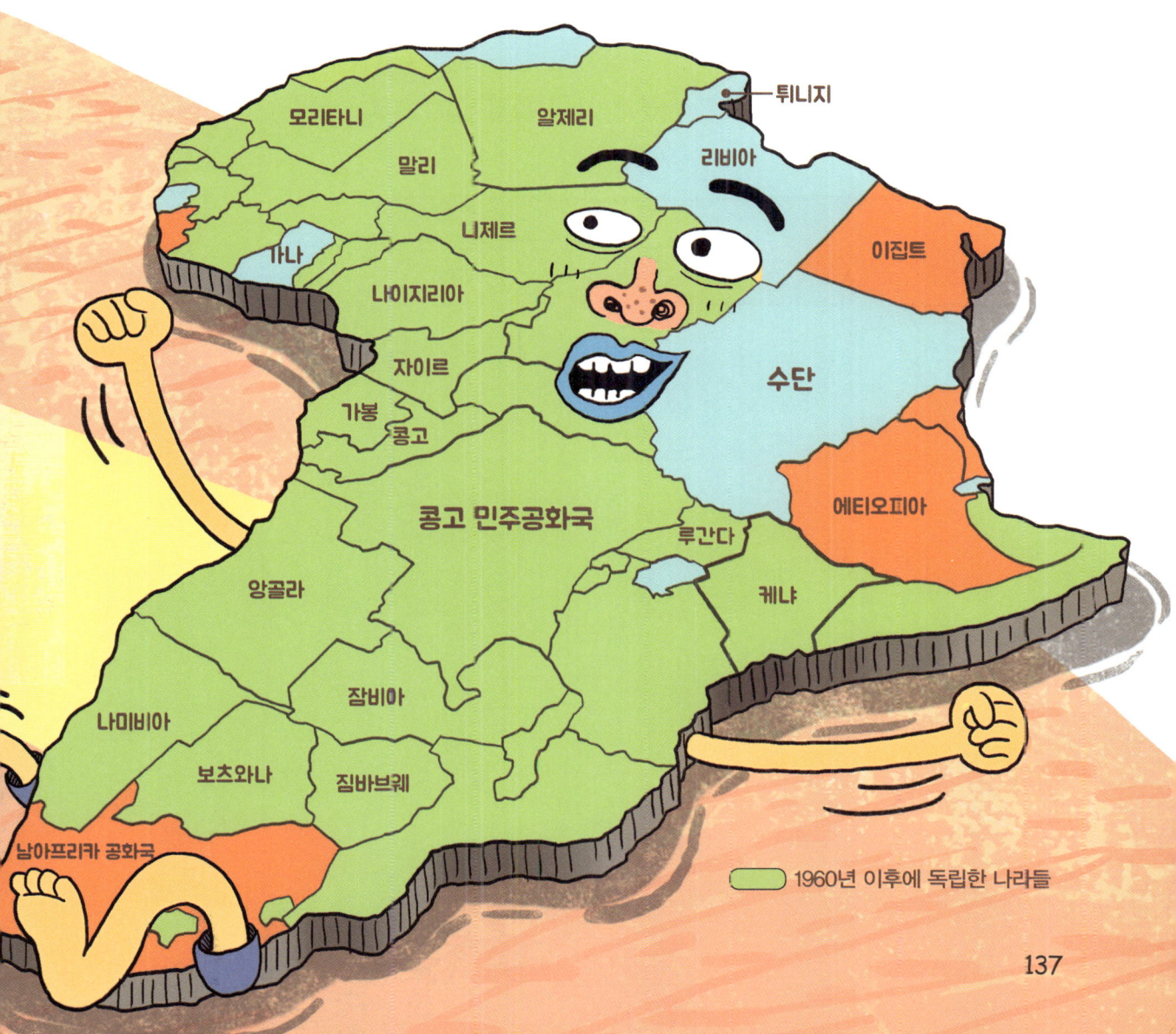

1960년 이후에 독립한 나라들

인종 차별은 사라져야 해요

영국은 남아프리카 연방을 만들어 스스로 다스리도록 했어요. 백인들로 이루어진 정부에서 '아파르트헤이트'라는 인종 차별법을 실시했어요. 흑인에 대한 끔찍한 차별이 시작되었지요. 인종에 따라 사는 곳을 나누고 흑인은 학교, 병원, 버스도 마음대로 이용하지 못하게 했어요. 심지어 흑인들을 나라 밖으로 쫓아내려고 했어요. 이에 흑인들이 '아프리카 민족회의'라는 단체를 만들어 싸웠어요. 흑인들은 점점 거세게 저항했어요. 그때 넬슨 만델라가 자유를 얻기 위해 목숨을 걸고 싸우다 감옥에 갇혔어요. 그러자 미국, 영국 등 다른 나라들도 인종 차별을 없애라고 요구했어요. 안 그러면 무역을 하지 않겠다고요.

제2차 세계 대전 이후 세계의 변화

그러다가 새 대통령 클레르크가 넬슨 만델라를 풀어 주고, 나라의 문제를 함께 의논했어요. 클레르크는 인종 차별법을 없애고 국민 투표로 평등을 보장하는 새 헌법을 만들었어요. 마침내 1994년, 백인과 흑인이 모두 참여한 첫 번째 선거에서 넬슨 만델라가 대통령이 되었어요.

★**넬슨 만델라** 인종 차별 정책에 맞서다가 27년 동안 감옥에서 살았어요. 흑인과 백인의 갈등을 풀어내 노벨평화상을 탔지요.

'한강의 기적'으로 나라를 일으켰어요

우리나라는 6·25 전쟁으로 모든 것이 파괴되었어요. 집, 학교, 도로와 다리 등이 부서지고 농사지을 땅조차 남아 있지 않았어요. 하지만 우리 국민은 꿋꿋하게 일어섰어요. 정부도 부서진 산업 시설을 일으켜 세우기 위해 힘썼어요. 또한 미국이 도와주어 밀가루, 설탕, 면직물을 이용한 산업을 일으켰지요. 그렇게 경제가 살아나기 시작했어요.

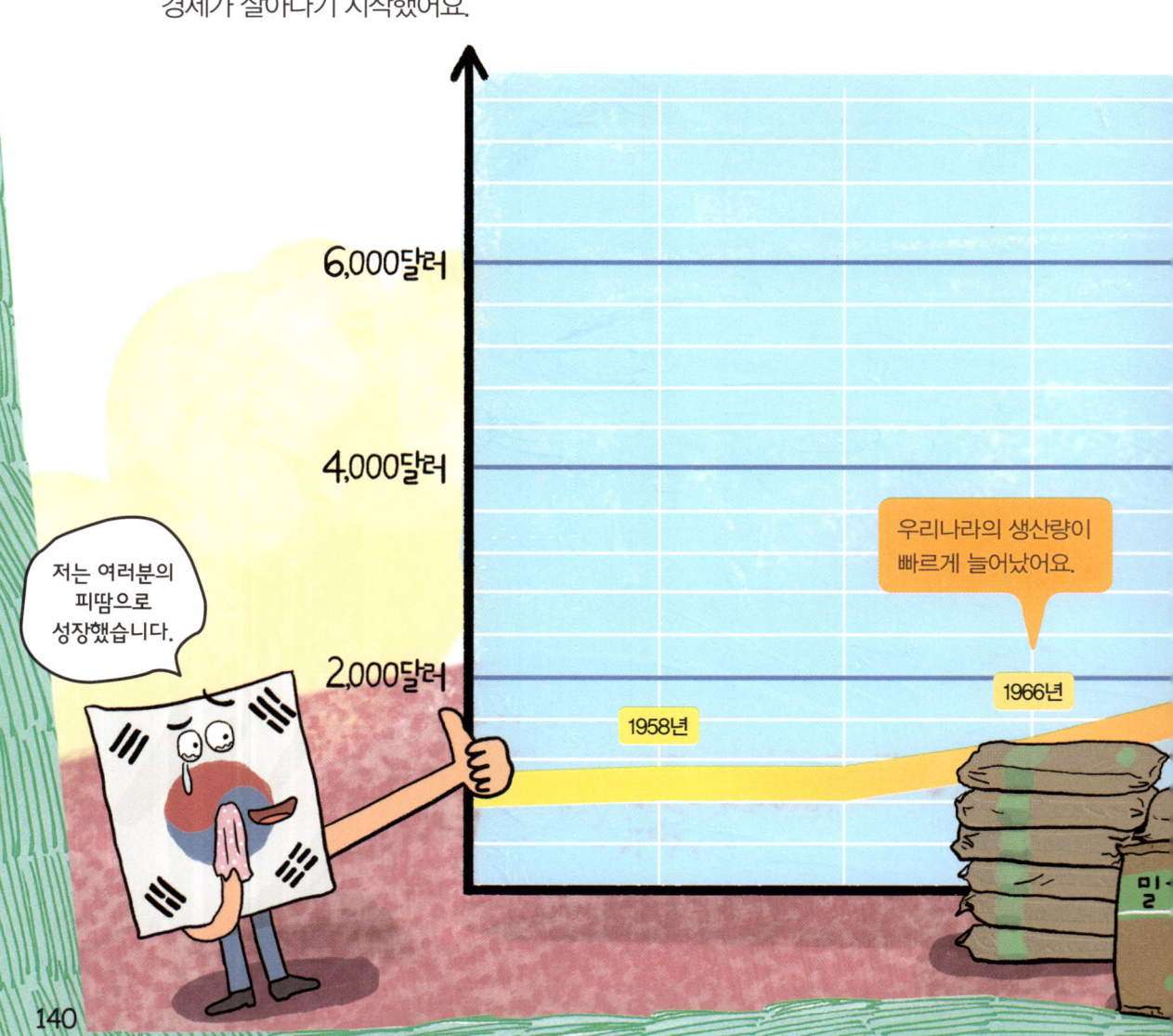

정부는 1960년대부터 경제 개발 계획을 꾸준히 펼쳤어요. 모든 국민이 수출을 위해 발 벗고 나섰지요. 수출이 늘어나고 경제가 빠르게 성장했어요. 세계가 깜짝 놀랄 만큼 빠른 속도로 발전해 '한강의 기적'이라고 불렸어요. 국민들도 살림살이가 조금씩 나아졌어요. 세계 경제에서 차지하는 위치도 높아졌어요. 국민들이 피땀 어린 노력으로 기적을 이룬 것이지요. 하지만 너무 발전에만 몰두한 나머지 문제점도 많이 생겼어요.

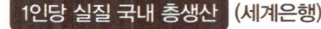

1인당 실질 국내 총생산 (세계은행)

오스트레일리아, 백인의 나라에서 다문화 나라로

오스트레일리아 대륙에는 약 6만 년 전부터 원주민이 살았어요. 그러다 영국이 원주민을 몰아내고 식민지로 삼았지요. 1850년대에 금광이 발견되어 사람들이 몰려들었어요. 그때부터 차츰 사회가 발전했지요.
그 뒤 오스트레일리아 연방이 탄생하고, 자유민주주의 국가로 발전했어요. 지금은 여러 나라에서 온 사람들이 많아서 다문화 사회가 되었어요.

제2차 세계 대전 이후 세계의 변화

오스트레일리아에서 가장 큰 명절은 크리스마스예요. 오스트레일리아의 12월은 여름이랍니다. 크리스마스에는 휴가를 떠나는 사람이 많아 가게가 대부분 문을 닫아요. 산타클로스 옷 대신에 빨간색 수영복을 입고 해변에서 즐기지요. 하얀 눈 대신 모래로 눈사람을 만들기도 하고요. 산타클로스 옷을 입고 달리는 대회도 있어요.

라틴 아메리카가 일어서고 있어요

멕시코 역사가 그림으로 살아났어요

한 나라의 역사를 그림으로 그린다면 어떨까요? 1920년 멕시코 혁명이 끝나고 새로운 정부가 들어서자, 유럽에서 그림을 공부한 멕시코 화가 디에고 리베라가 조국으로 돌아왔어요. 그는 세상에 대한 희망과 멕시코 역사를 그림에 담았어요. 많은 사람이 볼 수 있도록 벽에 그렸지요.

제2차 세계 대전 이후 세계의 변화

그림 가운데에는 멕시코를 상징하는 독수리가 뱀을 물고 선인장에 발톱을 박고 앉아 있어요. 그 옆에는 고대 멕시코 원주민, 원주민을 정복하는 에스파냐 사람들, 식민 지배에 맞서 싸우는 멕시코 사람들이 있고요. 벽면을 가득 메우는 그림을 보는 것만으로도 멕시코의 역사를 이해하고 배울 수 있어요.

디에고 리베라 〈멕시코의 역사〉 멕시코 대통령궁 계단 벽에 그린 그림이에요.

쿠바에서 혁명이 일어났어요

쿠바는 오랫동안 에스파냐의 식민지였다가 독립했어요. 그 뒤 독재 정권이 들어서 몇몇 사람들이 돈과 권력을 모두 차지했어요. 게다가 미국이 라틴 아메리카에 사회주의 나라가 세워지는 것을 막기 위해 독재 정권을 도와주었어요. 그러다 보니 부정부패가 점점 심해지고 쿠바 국민은 가난에 허덕였어요.

제2차 세계 대전 이후 세계의 변화

1959년, 피델 카스트로가 체 게바라★의 도움으로 혁명을 일으켰어요. 먼저 농민에게 토지를 나누어 주고 기업은 나라 것으로 만들었어요. 또한 돈이 없어도 누구나 교육을 받고 아프면 병원에 갈 수 있게 하는 등 많은 일을 했어요. 그러나 1990년대 소련을 비롯한 사회주의 나라들이 무너지자 쿠바 경제도 어려워졌어요. 쿠바는 이 같은 어려움을 새로운 정책으로 이겨 냈어요. 2008년, 피델 카스트로는 약 49년 동안 지켜 온 지도자 자리에서 물러나겠다고 했어요. 쿠바의 또 다른 변화가 시작되었지요.

★**체 게바라** 아르헨티나 출생으로 쿠바 혁명을 위해 싸웠어요.

제2차 세계 대전 이후 세계의 변화

남아메리카의 중심, 브라질

남아메리카 가운데에 있는 브라질은 포르투갈 식민지였다가 독립했어요. 그 뒤 정치적인 변화 속에 공화제를 선택했어요. 정권이 자주 바뀌어 혼란이 이어졌어요. 1989년에 이르러서야 직접 선거를 통해 대통령을 뽑았어요. 이제 브라질은 남아메리카 여러 나라를 이끄는 중요한 역할을 하고 있어요.

가난한 노동자였던 룰라는 브라질에서 처음으로 국민이 직접 대통령을 뽑는 선거에 나섰어요. 세 번이나 떨어졌지만 계속 도전해서 대통령이 되었지요. 그는 '기아 제로'라는 정책을 만들어 가난한 집에 음식 바구니를 갖다주었어요. 이를 위해 부자들에게 세금을 더 많이 내라고 했지요.

★**공화제** 국민이 대통령이나 정치에 참여하는 대표 집단을 투표로 뽑는 제도예요.

칠레의 경제가 발전했어요

칠레는 국민 투표를 통해 아옌데를 대통령으로 뽑았어요. 그는 미국의 간섭에서 벗어나고자 했어요. 그래서 미국 기업을 포함해 모든 산업을 나라 것으로 만들었어요. 사회주의 나라를 만든 거예요.

그러자 미국이 가만있지 않았어요. 아옌데 정부를 무너뜨릴 수 있도록 피노체트가 이끄는 군대를 도왔어요. 피노체트는 대통령이 되어 독재 정치를 휘두르다 물러났어요. 이후 나라가 차츰 안정되어 민주화와 경제 발전에 힘쓰고 있어요. 우리나라와는 2004년에 자유 무역 협정을 맺고 교류하고 있답니다.

제2차 세계 대전 이후 세계의 변화

군인들이 아르헨티나 권력을 차지했어요

아르헨티나는 전쟁을 하는 유럽에 곡물과 고기를 수출해서 돈을 벌었어요. 그러나 돈은 부자들이 모두 차지했어요. 대통령이 된 후안 페론은 부자와 가난한 사람들과의 차이를 줄이기 위해 노력했어요. 그러나 국민들의 생활은 나아지지 않고 불만만 커졌어요. 군인들이 후안 페른을 끌어내리고 권력을 차지했어요. 군인들이 독재 정치를 이어가면서 경제가 어려워졌지만, 차츰 정치가 안정되고 경제도 나아지고 있어요.

세계사 속 한국사
라틴 아메리카로 일하러 갔어요

우리나라 사람들은 언제 드넓은 라틴 아메리카에 가 보았을까요?
1905년 〈황성신문〉에 멕시코로 일하러 갈 사람들을 모집하는 광고가 나왔어요. 많은 사람이 이민을 신청했어요. 얼마 뒤 1,033명이 인천 제물포항에서 멕시코로 가는 배에 올랐어요.

인천에서 출발한 배가 두 달 만에 멕시코에 도착했어요. 이민 신청자들은 농장에서 일을 하게 되었어요. 그런데 그곳 생활은 광고 내용과 전혀 달랐어요. 우리나라 사람들은 무더위에 채찍을 맞아가며 노예처럼 일했어요. 그래서 함께 모여 살면서 서로 의지하며 고생을 견뎠어요. 그러나 계약 기간이 끝나자 돌아갈 나라가 없었어요. 우리나라가 일제 식민지가 되었거든요. 사람들은 일자리를 찾아 다시 떠나야 했어요.

냉전이 막을 내렸어요

미국과 소련에 화해의 바람이 불었어요

소련에서는 스탈린이 죽은 뒤 흐루쇼프가 지도자가 되었어요.
흐루쇼프는 스탈린의 독재 정치와 국민이 그를 우러러 떠받들게 했던
일들을 비판했어요. 또한 곳곳에 걸렸던 스탈린 사진도 없앴어요.
그리고 "국민이 더 잘 살 수 있도록 평화적으로 경쟁합시다."라고 말했어요.
이 말은 자본주의 나라와 사회주의 나라가 서로 돕자는 뜻이에요.
소련의 새로운 변화에 세계가 깜짝 놀랐어요.

★**스탈린** 레닌의 후계자로 소련을 통치한 독재자예요.

제2차 세계 대전 이후 세계의 변화

흐루쇼프는 미국에 가서 화해 분위기를 만들었어요. 그런데 때마침 소련 상황을 몰래 살피던 미국 비행기가 소련 땅에 떨어졌어요. 이 일로 미국과 소련은 사이가 멀어졌어요. 미국은 터키에, 소련은 쿠바에 핵미사일을 두었어요. 세계가 긴장과 두려움에 떨었어요. 결국 두 나라가 터키와 쿠바에서 물러났어요. 그리고 언제든지 대화로 문제를 풀 수 있도록 따로 전화를 두었어요.

흐루쇼프가 슈퍼 옥수수를 만들려고 했어요

소련은 경제가 발전하지 못했어요. 물건을 만들어 사고파는 것을 나라에서 도맡았기 때문이에요. 사람들은 일한 만큼 돈을 많이 벌 수 없어서 열심히 일하려는 마음이 생기지 않았어요. 또한 냉전이 계속되어 군사비로 쓰는 돈이 많았어요. 국민들은 점점 가난해져 살기가 어려웠어요.

흐루쇼프는 이런 문제를 해결하고 싶었어요.

흐루쇼프는 미국에 있을 때 옥수수 기르는 것에 관심이 많았어요. 그래서 소련으로 돌아와 팔뚝만 한 옥수수를 만들어 식량 문제를 해결하겠다고 했어요. 하지만 옥수수를 크게 만드는 데 실패했어요. 오히려 옥수수 등 곡물들을 수입했지요. 식량 문제가 실패로 끝나자 흐루쇼프가 물러나고 새로운 지도자 브레즈네프가 나타났어요.

중국과 미국이 사이가 좋아졌어요

스포츠를 통해 새로운 역사가 시작되었어요. 중국과 미국이 탁구 덕분에 사이가 가까워졌어요. 미국 대통령 닉슨은 중국과 대화하고 싶었어요. 중국 지도자 마오쩌둥도 미국과 사이가 좋아지기를 바랐지요. 당시 중국은 소련과 사이가 멀어진 상태였어요. 공산주의에 대한 생각이 서로 달랐기 때문이에요.

제2차 세계 대전 이후 세계의 변화

1971년, 중국은 일본 세계탁구선수권대회에 참가한 미국 선수들을 베이징으로 초청했어요. 20년 이상 꽁꽁 막혔던 두 나라를 탁구공이 톡톡 풀어 주었어요. 핑퐁 외교가 시작되었죠. 이를 기회로 미국 대통령 닉슨이 베이징을 방문했어요. 두 나라 관계가 빠르게 좋아졌어요. 스포츠 힘이 대단하지요. 그 뒤 중국은 다른 자본주의 국가들과도 외교 관계를 맺었어요.

중국을 잘사는 나라로 만들었어요

중국은 공산주의 나라가 되었지만 여전히 가난했어요. 마오쩌둥의 뒤를 이은 새 지도자 덩샤오핑이 말했어요. "검은 고양이든 흰 고양이든 쥐를 잘 잡으면 좋은 고양이다." 나라를 다스리는 방법에 상관없이 국민을 잘살게 하면 그것이 최고라고 빗댄 말이에요. 또한 그는 부자가 될 수 있는 사람을 먼저 부자가 되게 하겠다고 말했어요.

제2차 세계 대전 이후 세계의 변화

덩샤오핑은 서둘러 여러 제도를 고치고, 다른 나라와 자유롭게 교류할 수 있도록 시장을 열었어요. 그로 인해 놀랄 정도로 빠르게 경제 성장을 이루었어요. 그런데 부유한 사람과 가난한 사람의 차이가 점점 벌어졌어요. 불평등이 더 심각해진 거예요. 이에 중국 공산당은 '먼저 잘살고 보자.'에서 '골고루 잘살자.'로 생각을 바꾸었어요.
그만큼 중국 경제가 발전한 거예요. 중국은 계속 변화하며 지금도 발전하고 있어요.

페레스트로이카(개혁)! 글라스노스트(개방)!

소련이 사라졌어요

고르바초프가 소련의 새 지도자로 뽑혔어요. 그는 개혁과 개방을 외쳤어요. 또한 "세계 평화가 중요하다, 모든 국민이 스스로를 자유롭게 발전시킬 수 있어야 한다."고 주장했어요. 이런 생각은 체르노빌 원자력발전소 사고★ 때문에 더 퍼져 나갔어요. 또 국민들 입에 개방과 민주화라는 말이 자주 오르내렸어요.

★**체르노빌 원자력발전소 사고** 1986년, 우크라이나 체르노빌 원자력발전소에서 방사능이 밖으로 새어 나온 사고예요.

제2차 세계 대전 이후 세계의 변화

고르바초프는 개혁과 개방을 통해 소련을 유지하려고 했어요. 그러나 개방과 개혁이 일어나면서 소련은 빠르게 달라졌어요. 우크라이나를 시작으로 소련에 속해 있던 여러 나라가 독립을 선언했어요. 1991년 고르바초프를 대신하여 권력을 잡은 옐친이 이제 소련은 사라졌다고 선언했어요. 세계 최초의 사회주의 국가가 역사로 남게 되었어요.

폴란드는 자유화 운동을 멈추지 않았어요

폴란드 수도 바르샤바는 제2차 세계 대전 때 독일이 쳐들어와 무너졌어요. 폴란드 사람들은 바르샤바에서 독일군에 맞서 독립 투쟁을 벌였어요. 시민 가운데 절반 이상이 목숨을 잃었고 도시는 폐허가 되었지요. 전쟁이 끝난 뒤, 폴란드는 바르샤바를 다시 세우기로 했어요. 옛 자료를 찾아 벽돌 한 장까지 다시 만들어 옛 왕궁과 도시의 모습을 살렸어요.

전쟁 전 바르샤바의 모습을 담은 그림들

바르샤바(폴란드의 수도)

제2차 세계 대전 이후 세계의 변화

제2차 세계 대전이 끝난 뒤, 소련의 도움을 받는 공산당 정부가 폴란드에 세워졌어요. 그러나 정부가 경제를 발전시키지 못하고 부정부패만 점점 심해지자 폴란드 국민은 불만이 생겼어요. 그때 전국에서 노동자들을 중심으로 자유화 운동이 일어났어요. 정부가 탄압을 해도 국민들은 민주화 운동을 꾸준히 펼쳤어요. 1989년, 폴란드 국민들은 자유화 운동에 앞장섰던 레흐 바웬사를 대통령으로 뽑았어요.

헝가리가 자유의 횃불을 들었어요

제2차 세계 대전 때 헝가리는 독일 편에 서서 싸웠어요. 전쟁이 끝나면서 소련의 세력권으로 들어가 사회주의 정부가 들어섰지요. 헝가리의 수도 부다페스트에서 대학생과 시민들이 소련과 공산주의에 반대하여 들고일어났어요. 그때 소련 군대가 들어와 진압하면서 많은 사람들이 죽거나 다쳤어요. 하지만 헝가리 국민들은 포기하지 않고 나라의 자유와 개혁을 위해 힘썼어요.

제2차 세계 대전 이후 세계의 변화

1989년, 헝가리는 사회주의가 끝났음을 선언했어요. 새로운 법을 만들어 자유선거와 대통령제를 실시했어요. 한편 헝가리와 오스트리아 국경을 개방하고 동독 사람들이 오스트리아로 탈출하는 것을 눈감아 주었어요. 베를린 장벽과 동유럽 사회주의 국가가 연달아 무너지는 데 영향을 준 거예요.

그 뒤 헝가리는 나라를 개혁하고 개방하는 더 노력을 기울였어요. 또 서유럽 국가들과 서로 도우며 발전하고 있지요.

헝가리는 동유럽 사회주의 국가 중 첫 번째로 우리나라와 외교 관계를 맺었어요.

167

베를린 장벽이 무너졌어요

제2차 세계 대전이 끝나고 독일은 나라가 둘(서독과 동독)로 갈라졌어요. 시간이 흐를수록 통일은 멀어질 것 같았지요. 1969년 서독 총리가 된 빌리 브란트가 "서독만이 독일 민족을 대표하지 않습니다."라고 말했어요. 그 뒤 서독과 동독은 점차 교류를 늘리며 서로에 대한 믿음을 쌓아 갔지요.

제2차 세계 대전 이후 세계의 변화

동독에는 민주화 바람이 불었어요. 동독 국민들이 계속해서 민주화를 요구했지만 정부는 받아들이지 않았어요. 그러자 동독 사람들이 베를린 장벽을 넘어 서독으로 탈출하기 시작했어요. 결국 독일 국민들이 베를린 장벽을 허물었어요.
1990년 10월, 독일은 드디어 통일을 이루었어요.

세계 속 한국사 — 탁구로 남과 북이 하나가 되었어요

탁구는 서로를 연결시키는 힘이 있는 것 같아요. 미국과 중국을 대화의 자리로 불러낸 것처럼, 남북으로 갈라진 우리나라를 하나로 만들기도 했어요. 1991년 일본 지바에서 열린 세계탁구선수권대회에 남북이 한 팀으로 참가했어요. 선수들은 '코리아'란 이름으로 아리랑을 부르며 입장했어요.

남북한 여자 코리아 팀이 세계에서 가장 센 중국 팀을 꺾고 우승했어요.
경기장은 환호와 한반도기로 뒤덮였지요. 〈아리랑〉과 〈우리의 소원은 통일〉
노래가 지바와 한반도에 울려 퍼졌어요. 남북이 힘을 합해 세계 탁구어서
일등을 차지한 거여요. 우리 국민들은 마음이 뜨거워지는 벅찬 기쁨을 느꼈어요.
이 사실은 영화로도 만들어졌지요.
남북이 함께 자주 만나면 통일이 더 가까워지겠지요?

제2차 세계 대전 이후 세계의 변화

세계가 하나로 이어져요

교통과 통신이 발달한 덕분에 나라와 나라를 이어주는 세계화가 시작되었어요. 1970년대에 여러 나라의 기업들이 공장을 옮기기 시작했어요. 자원이 풍부하고 노동력이 싼 나라에서 상품을 만들기 위해서예요. 그런 다음 상품 가격을 제대로 받을 수 있는 나라에다 물건을 팔지요.

소련과 동유럽 공산주의 국가들은 개방 정책을 펼쳤어요. 그 때문에 세계화가 더욱 빨라졌지요. 수입하는 물건에 매기는 세금을 낮추고, 물건을 자유롭게 사고팔도록 했어요. 덕분에 사람들이 싼 가격으로 여러 나라의 물건을 살 수 있게 되었어요. 반면 세계화로 인한 문제점도 생겨났어요. 부자 나라는 더 부자가 되고, 가난한 나라는 이익을 얻지 못했어요. 그래서 세계의 빈부 격차가 더욱 커졌지요.

엄마, 파인애플 사 주세요.

전쟁을 일으킨 죄를 반성하지 않아요

일본은 제2차 세계 대전이 끝난 뒤, 평화 헌법을 만들었어요. 그들은 다시는 전쟁을 일으키지 않겠다는 내용을 헌법에 넣었어요. 또 정식 군대를 두지 않고, 다른 나라의 침략을 막는 자위대만 두겠다고 했어요. 하지만 아베 정권이 평화 헌법을 고치려고 해요. 또 일본 역사 교과서를 거짓으로 써서 일본이 아시아를 침략한 것을 사실과 다르게 가르치고 있어요.

제2차 세계 대전 이후 세계의 변화

아베 총리는 전쟁을 일으킨 사람들에게 제사를 지내는 '야스쿠니 신사'를 찾아가고 있어요. 이것은 다른 나라를 침략하고 전쟁을 일으킨 죄를 반성하지 않겠다는 뜻이에요. 이러한 태도는 세계적으로 문제가 되고 있어요. 일본은 역사를 올바르게 가르치고 배워야 해요. 그래야만 평화로운 미래를 만들 수 있으니까요.

앞다투어 우주 개발을 해요

1957년 소련이 세계 최초로 스푸트니크 1호 인공위성을 쏘아 올렸어요. 깜짝 놀란 미국도 서둘러 우주 개발에 온 힘을 쏟았어요. 1969년, 드디어 미국의 아폴로 11호가 달에 도착했어요. 두 나라가 앞다투어 우주 개발에 힘썼어요. 두 나라뿐만 아니라, 세계 여러 나라가 우주 개발에 뛰어들었어요. 우주여행의 꿈이 점점 가까이 오고 있어요.

제2차 세계 대전 이후 세계의 변화

클릭, 터치! 온 세계가 컴퓨터로 연결돼요

제2차 세계 대전 이전부터 여러 나라가 컴퓨터 개발에 힘을 쏟았어요. 그러다 1939년에 세계 최초의 전자식 컴퓨터 '아타나소프 베리 컴퓨터'가 나왔어요. 줄여서 'ABC컴퓨터'라고 불러요. 이 컴퓨터는 미국의 한 대학에서 만들었어요. 컴퓨터는 점점 작아지고 정보 처리 능력이 빨라졌어요. 그 뒤 미국에서 컴퓨터 연결망인 '네트워크'를 만들었어요. 이것이 인터넷으로 발전했고 컴퓨터가 더 널리 퍼졌어요. 컴퓨터와 인터넷은 우리 생활에 많은 변화를 주고 있어요.

온 세계가 한류를 즐겨요

우리나라 대중문화가 '한류'라는 이름으로 세계로 뻗어 나가고 있어요. 일본과 중국을 시작으로 드라마, 영화, 대중음악, 게임 등이 전 세계에서 인기를 얻고 있지요. 한류 문화는 여러 나라에 수출되는 것은 물론이고, 인터넷이나 스마트폰을 타고 널리 퍼져 나가고 있어요.

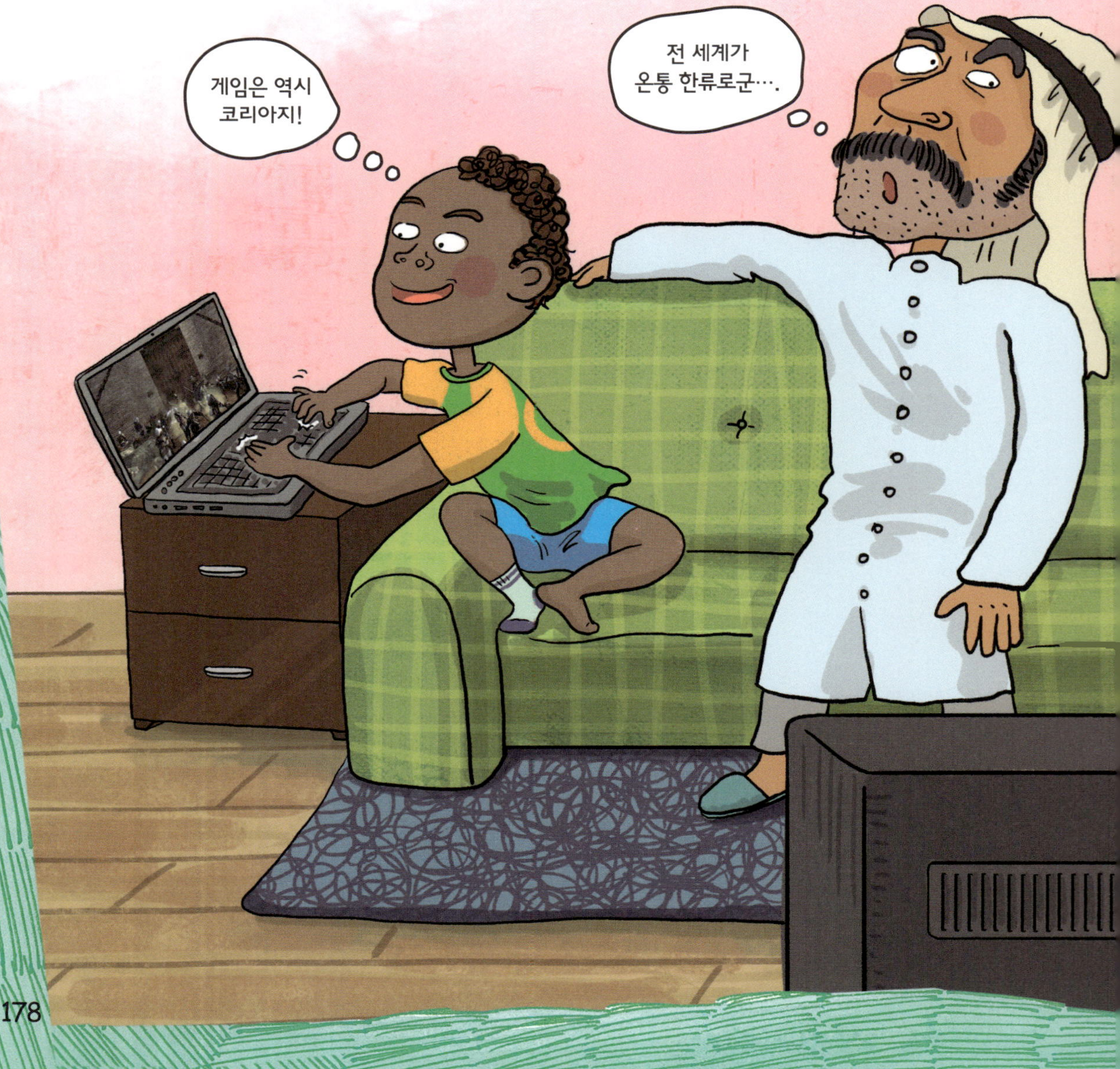

우리 문화의 힘이 한류를 통해 더욱 강해지고 있어요. 문화 산업은 다른 산업과 결합해 점점 더 다양해지고, 우리나라를 알리는 데 큰 몫을 하지요.
세계인들이 우리 다중문화를 즐긴다는 것은 좋은 일이에요. 그런데 그만큼 우리도 다른 나라의 문화를 존중하고 소중하게 받아들여야 해요.

더 좋은 세상을 만들어 가요

오늘날 세계가 해결해야 할 문제들을 꼽아 볼까요? 전쟁, 폭력, 차별, 환경 파괴 등 헤아릴 수 없이 많아요. 모두가 '나만 잘 살면 되지.', '누군가 해결하겠지?', '바꿀 수 있을까?'라고 생각하면 어떻게 될까요? 세계는 나와 우리 모두가 살아가는 터전이에요. 우리 앞에 놓인 문제들에 대해 꾸준히 관심을 가져야 한답니다.

제2차 세계 대전 이후 세계의 변화

우리가 꿈꾸고 만들어 가야 하는 세상을 상상해 볼까요? 전쟁과 폭력 없이 평화롭게 사는 곳! 서로 다른 점을 인정하며 차별하지 않고, 환경과 사람의 생명을 소중하게 여기는 세상! 우아, 생각만 해도 좋은 세상이지요? 우리 모두가 함께 손잡고 만들어 가야 해요. 지금 바로, 나부터 할 수 있는 일을 찾아보기로 해요.

세계사 놀이터

인도네시아에서 아시아 - 아프리카 회의가 열렸어요. 여러 나라 대표가 한자리에 모여 평화를 지키고 힘을 모으기로 했어요. 그런데 회의에 참석하지 않은 세 나라가 있어요. 어느 나라인지 찾아보세요.

이집트
인도네시아
인도
가나
미국
네팔
필리핀

정답

▼ 46~47쪽
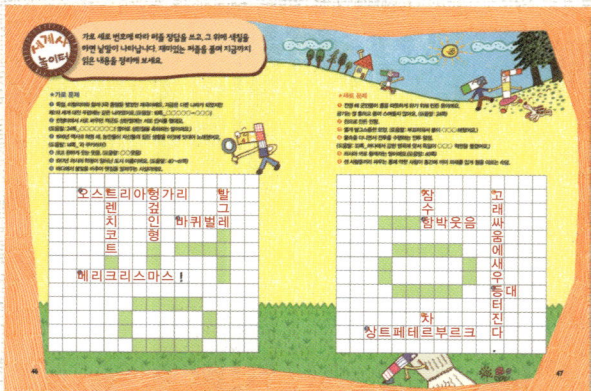

▼ 78~79쪽

▼ 110~111쪽

▼ 182~183쪽

<그림으로 보는 세계사> 시리즈는 전 5권입니다.

1권 고대 이야기
2권 중세 이야기
3권 근세 이야기
4권 근대 이야기
5권 현대 이야기

<그림으로 보는 한국사>도 함께 읽어요!